# Auf *Vorrat* gekocht

Ghillie James

# Auf *Vorrat* gekocht

100 Rezepte, *ideal zum Einfrieren*

Aus dem Englischen von Franziska Weyer

edition styria

In Liebe für Eva, Alice, Charlie, Leo, Florence und Isla

Die Originalausgabe mit dem Titel
*Fresh from the Freezer*
wurde erstmals 2011 im Verlag Kyle Books, London, veröffentlicht.


Wien · Graz · Klagenfurt
www.styriabooks.de

Lektorat: Christiane Gsänger
Umschlaggestaltung: Alexandra Rusitschka
Satz: lithotronic media GmbH, Dreieich

Printed in China



ISBN 978-3-99011-036-2

# Inhalt

# Einführung

**Wer bewusst durch einen Supermarkt geht, stellt fest, dass die Auswahl tiefgekühlter Gerichte in den letzten Jahren rasant zugenommen hat. Bisher habe ich diesen Bereich im Supermarkt stets nur aus Bequemlichkeit aufgesucht, um dort, wenn es mal wieder schnell gehen musste, zum Beispiel tiefgefrorene Erbsen oder Eis zu kaufen. Mittlerweile liebäugle ich jedoch immer häufiger mit den dort angebotenen hübschen kleinen Vorspeisen, den feinen Kuchen, den Jakobsmuscheln und Sommerfrüchten, und nur mein Geldbeutel bremst meine Einkaufslust.**

Aber hat das auch unseren Umgang mit dem Tiefkühlfach zu Hause verändert? Nutzen wir das reiche Angebot an köstlichem Obst und reifem Gemüse aus dem Garten, um aus den Beeren feines Eis zu zaubern oder aus den Tomaten eine köstliche Tomatensuppe zu kochen, die sich bis zum nächsten Familientreffen gut einfrieren lässt? Oder frieren wir eine selbst gemachte Tomatensauce ein, damit wir an Tagen, an denen es schnell gehen muss und wir für die Kinder, die hungrig aus der Schule nach Hause kommen, im Handumdrehen etwas Leckeres zubereiten können? Nutzen wir die Möglichkeit, einfach eine große Portion eines Gerichts und eine Auswahl an Drinks einzufrieren, damit wir schnell etwas aus dem Ärmel schütteln können, falls am Freitag Abend unerwartet Freunde vorbeischauen?
Wer wenig Zeit hat, sich gesund und mit schmackhaften Gerichten ernähren möchte und dabei aufs Geld achten muss, sollte das Gefrierfach und nicht den Kühlschrank zum besten Freund in der Küche küren.
Gerichte aus dem Tiefkühlfach müssen nicht fad, schwer verdaulich oder geschmacklos sein. Es geht auch anders: Gefrierfach ausräumen, abtauen und mit den eigenen Lieblingsgerichten wieder auffüllen, zum Beispiel mit einer selbst gemachten Sauce, mit einer eigenen Eiskreation, mit bereits vorgebackenen Canapés oder mit einem pfiffigen Nachtisch für das nächste Familienfest.
Ein Tiefkühlfach ist eine ideale Küchenhilfe, wenn man Geld sparen will. Schließlich lässt sich ganz einfach die doppelte Menge kochen, wenn bestimmte Lebensmittel gerade im Angebot sind oder Gemüse und Obst Saison haben, und außerdem ist es doch wesentlich wirtschaftlicher, Reste einzufrieren, statt sie wegzuwerfen – egal ob Semmelbrösel oder Eigelbe. Fast alles eignet sich zum Einfrieren, um zu einem späteren Zeitpunkt köstliche Gerichte daraus zu zaubern.

Vor allem junge Mütter sollten das Tiefkühlfach nutzen, denn die Babynahrung aus dem Supermarkt hat sich zwar von endlos haltbaren, undefinierbaren Breimischungen in Gläsern weiterentwickelt zu gehaltvollen und gesunden Biogerichten, doch das ist richtig teuer. Auch ich nutze diese gesunde Babynahrung, wenn wir für ein Wochenende wegfahren oder in den Ferien verreisen, damit ich meine einjährige Tochter immer dann füttern kann, wenn sie danach verlangt. Aber für den Alltag sind mir diese Biofertiggerichte einfach zu kostspielig. Andererseits schaffe ich es häufig nicht, liebevoll Eintöpfe oder Aufläufe vorzubereiten, die mehr als eine Stunde Kochzeit in Anspruch nehmen, und diese dann mit dem Löffel in kleine Schalen umzufüllen. Mein zweites Kind hat mich sogar dazu inspiriert, schnell und einfach Babybreis herzustellen, die nahrhafter und gesünder sind als die meisten Fertiggerichte. Daher finden Sie in diesem Buch auch einige Rezepte, die für Kleinkinder geeignet sind.
Lassen Sie sich von diesem Kochbuch inspirieren, und nutzen Sie wenigstens ein paar der Tipps, wie sich aus großen Mengen Obst und Gemüse tolle Gerichte zubereiten lassen. Mein Leben ist durch die Kunst des Einfrierens einfacher geworden, und das wünsche ich Ihnen auch.

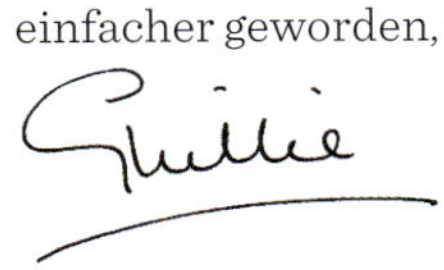

# Warum Lebensmittel einfrieren?

1. Fleisch oder andere Produkte, die gerade im Angebot sind, können in größeren Mengen eingekauft werden.

2. Obst und Gemüse der jeweiligen Saison können dann zubereitet und eingefroren werden, wenn sie am besten schmecken und am wenigsten kosten.

3. Einladungen und Festessen lassen sich von langer Hand zeitsparend und ohne Hektik vorbereiten.

4. Einfach mal nur die Hälfte einer Packung verwenden und den Rest einfrieren: Das Einfrieren ist eine ideale Hilfe, wenn man nur für eine Person kocht.

5. Einfrieren ist eine natürliche Form der Konservierung und ermöglicht es, Lieblingszutaten das ganze Jahr über in ihrem natürlichen Zustand zu genießen.

6. Tiefgefrorene Produkte enthalten häufig mehr Vitamine und Mineralien als frische Zutaten, da sie unmittelbar nach dem Einkauf oder der Ernte eingefroren werden können. Tiefgefrorene Erbsen enthalten z. B. 40 % mehr Vitamin C als zwei Tage gelagerte frische Erbsen.

7. Reste werden eingefroren und nicht mehr weggeworfen – das spart Zeit und Geld.

8. Ganze Gerichte direkt aus dem Gefrierschank zuzubereiten spart enorm viel Zeit beim Einkauf.

9. Lieblingsgerichte können in großen Mengen gekocht werden, wenn Zeit ist, und aufgetaut werden, wenn die Zeit knapp ist.

10. Baby- und Kleinkindernahrung lässt sich stressfrei zubereiten und in Würfeln oder kleinen Mengen einfrieren.

**Schlüssel zu den Symbolen:**

- Ⓕ Einfrieren
- Ⓐ Auftauen
- Ⓔ Erwärmen
- Ⓢ Servieren

# Regeln für das Einfrieren von Lebensmitteln

Lebensmittel stets so frisch wie möglich einfrieren.

Rohe Lebensmittel nicht unbehandelt erneut einfrieren – mit anderen Worten, ein aufgetautes Huhn oder aufgetautes Hackfleisch muss vor dem erneuten Einfrieren gekocht werden. Bereits gekochte Speisen können erneut tiefgefroren werden.

Lebensmittel vor dem Einfrieren gut verpacken – entweder in eine doppelte Lage Folie oder in Gefrierbeutel oder Gefrierbehälter.

Da sich das Volumen von Flüssigkeiten beim Einfrieren vergrößert, sollten Flaschen, Behälter oder Beutel nie ganz gefüllt werden.

Lebensmittel immer so schnell wie möglich einfrieren – am besten mit der Supergefrierschaltung, falls Ihr Gerät so etwas besitzt.

Gefrierschränke und -truhen niemals überfüllen, da sie dann nicht optimal funktionieren.

Gekochte Lebensmittel vor dem Einfrieren möglichst schnell abkühlen lassen und erst dann einfrieren, wenn sie vollständig abgekühlt sind.

Die empfohlenen Lagerzeiten beachten (siehe Seite 12).

„Feuchte Lebensmittel“ wie Würstchen, Himbeeren oder Kuchen mit Zuckerguss zunächst unverpackt auf einem Tablett einfrieren (gut ausbreiten, damit tiefgefroren nichts aneinander haftet) und erst in gefrorenem Zustand in einen Gefrierbeutel oder Gefrierbehälter umpacken.

# Lagern und Auftauen

**Ich werde Ihnen sicherlich keine Empfehlungen zum Kauf eines bestimmten Gefriergeräts liefern, weil ich davon auch gar keine Ahnung habe. Aber ich habe mich intensiv mit den neuesten Gefrierbeuteln und Gefrierbehältern beschäftigt, um Lebensmittel bei optimaler Qualität möglichst effizient und platzsparend einzufrieren.**

Nichts ist ärgerlicher, als einen Kuchen oder einen Auflauf aus dem Tiefkühlfach zu nehmen, der entweder übel zugerichtet ist oder durch die Kälte Gefrierbrand (ausgetrocknete Randschichten bei tiefgefrorenen Lebensmitteln) bekommen hat. Wer das Gefriergut sorgsam verpackt und überlegt lagert, erhöht seine Haltbarkeit enorm. Daher sind gute Gefrierbehälter, Beutel und Etiketten mit Sicherheit keine unnütze Geldausgabe.

### Gefrierbehälter und -beutel

Vermutlich gibt es Hunderte verschiedener Behälter, angefangen von alten Eisbehältern bis hin zu extravaganten Behältern mit wiederverschließbaren Deckeln. Die Deckel sollten wirklich dicht schließen. Am besten ist es, gleich ein paar Behälter mit der gleichen Form zu kaufen, damit sie sich gut stapeln lassen und weniger Platz verbrauchen. Beim Kauf spezieller Gefrierbehälter sollte man darauf achten, dass sie auch spülmaschinenfest und mikrowellengeeignet sind. Ich benutze feste Behälter hauptsächlich für Lebensmittel wie Kuchen, Baisers, Gebäck usw., deren Form leidet, wenn sie unsanft herumgeworfen werden. Außerdem friere ich kleinere Mengen Sauce in festen Behältern ein, damit man sie zum Auftauen und Erhitzen schnell in die Mikrowelle stellen kann.

Es gibt heutzutage aber auch fantastische Gefrierbeutel, z. B. wiederverschließbare Beutel mit Zippverschluss, aus denen sich kleinere Mengen schnell entnehmen lassen. Sie eignen sich daher besonders gut für Obst, Gemüse oder Paniermehl. Außerdem kann ich für Suppen und Saucen Gefrierbeutel mit Standboden sehr empfehlen – sie lassen sich leicht füllen, haben einen besonders starken Zippverschluss, damit nichts auslaufen kann, und sind natürlich viel platzsparender als feste Behälter.

### Etikettieren

Verwenden Sie ausschließlich gut haftende Tiefkühletiketten, um zu vermeiden, dass Sie stundenlang versuchen, den Inhalt eines Behälters ganz unten in der Tiefkühltruhe zu erraten, dessen Etikett verloren gegangen ist. Beschriften Sie die Beutel mit einem wasserfesten Folienstift. Ich notiere meistens den Inhalt, die Zahl der Portionen, das Einfrierdatum und, wenn nötig, auch das Haltbarkeitsdatum.

**Tiefgefrorenes auftauen**

Präzise Auftauzeiten anzugeben ist schwierig, da sie von den eingefrorenen Mengen und den zum Einfrieren verwendeten Behältern abhängig sind (Lebensmittel in dickwandigen Edelstahlbehältern tauen langsamer auf als in Porzellan- oder Kunststoffbehältern). Der sicherste Platz zum Auftauen ist der Kühlschrank, da die Lebensmittel dann langsam auftauen und anschließend kühl bleiben. Da das Auftauen großer Mengen in einem sehr kalten Kühlschrank jedoch bis zu zwei Tage dauern würde, ist es sinnvoll, größere Mengen oder Behälter an einem kühlen Ort auftauen zu lassen und anschließend in den Kühlschrank zu stellen. Auch die Mikrowelle eignet sich zum Auftauen und Erhitzen, Sie müssen dann nur sicherstellen, dass die Speisen wirklich heiß sind und sofort verzehrt werden.

## Das sagt die Verbraucherbehörde

**Tiefgefrorene Lebensmittel direkt kochen**

Grundsätzlich empfiehlt es sich, die Packungsangaben zur Lagerung und zur Zubereitung der entsprechenden Lebensmittel zu beachten. Tiefkühlfertigprodukte, die zum Kochen nicht aufgetaut werden müssen, unbedingt nach der Garanleitung auf der Packung zubereiten, da diese strengen Kontrollen unterliegt und gründlich getestet wurde. Beim Erhitzen von Fleischsorten wie Geflügel und Hackfleisch ist streng darauf zu achten, dass das Fleisch durch und durch erhitzt wird und wenigstens zwei Minuten auch in der Mitte eine Gartemperatur von 70 °C erreicht.

**Einfrieren und erneutes Einfrieren**

Tiefgefrorene Lebensmittel sollten nach dem Auftauen grundsätzlich nicht mehr eingefroren werden, wenn sie nicht vorher durch und durch gegart wurden, da unsachgemäßes Auftauen das Wachstum gesundheitsschädlicher Bakterien fördert. Beim erneuten Einfrieren von Fleisch können diese Bakterien überleben und sich beim Auftauen weiter vermehren. Auch wenn das Erhitzen gesundheitsschädliche Bakterien abtötet, kann es durch rohes Fleisch zur Kreuz-Kontamination in der Küche kommen. Lebensmittel sollten daher immer nur einmal erneut eingefroren, aufgetaut und erhitzt werden.

## Haltbarkeit

Die folgende Tabelle listet die maximale Haltbarkeit tiefgefrorener Lebensmittel auf. Am besten notieren Sie immer das Einfrierdatum auf dem Etikett, um zu verhindern, dass die Speisen zu lange im Tiefkühlfach lagern und dadurch an Aroma verlieren. Der Schlüssel zum erfolgreichen Einfrieren ist die richtige Verpackung!

### Rohes Fleisch und Fisch

Ente 6 Monate
Fetter Fisch 2–3 Monate
Garnelen und Muscheln 3–4 Monate
Geräucherter Fisch 2 Monate
Hackfleisch 3–4 Monate
Huhn 8–12 Monate
Lamm 6–8 Monate
Rindfleisch 8–12 Monate
Schinken 3–4 Monate
Schweinefleisch 4–6 Monate
Weißer Fisch 6 Monate
Wild 12 Monate
Würstchen 3–4 Monate

### Gekochte Lebensmittel

Aufläufe, Suppen und Saucen 3 Monate
Babybrei 2 Monate
Baisers und Pawlowas 1 Monat
Brot 3 Monate
Brühe 6 Monate
Butter 6 Monate (möglichst ungesalzene Butter wählen)
Eis, Sorbets und Mousses 2 Monate
Gekochtes Fleisch 1–2 Monate
Hartkäse 8–12 Monate
Kekse und Müsliriegel 4 Monate
Kuchen 3 Monate
Kuchen- und Brotteig 3 Monate
Pfannkuchen und Eierstich 2 Monate
Pommes frites bis zu 18 Monate
Rohe Eier, Eigelb, Eiweiß 12 Monate
Sahne 3 Monate
Torten, Quiches, Teigtaschen und Pasteten 3 Monate
Weichkäse 3 Monate

### Obst und Gemüse

Äpfel, geschält, entkernt und in Scheiben geschnitten 4–6 Monate, die Scheiben einzeln einfrieren und in einen Beutel geben
Beerenobst 12 Monate (Erdbeeren vor dem Einfrieren pürieren), auftauen und roh verwenden oder vor dem Kochen nicht auftauen
Bohnen, blanchiert 6–8 Monate, vor dem Kochen nicht auftauen
Frische Kräuter 4–6 Monate
Kürbis, roh 12 Monate, flach ausgebreitet einfrieren und dann in einen Beutel geben, Kürbis vor dem Kochen nicht auftauen
Maiskolben 6–8 Monate, vor dem Kochen nicht auftauen
Orangen 6–8 Monate
Rhabarber, roh, in Stücke geschnitten 12 Monate, vor dem Kochen nicht auftauen
Spargel, blanchiert 12 Monate, Spargel vor dem Kochen nicht auftauen
Steinobst, halbiert und entsteint 12 Monate, vor dem Kochen nicht auftauen
Tomaten, halbiert 6–8 Monate, einzeln einfrieren und dann in Beutel füllen, nur zum Kochen oder Grillen verwenden

# Die besten Reste zum Einfrieren

Die folgenden Vorschläge, bestimmte Reste einfach einzufrieren und zu einem späteren Zeitpunkt zu verwenden, stammen von Freunden und Familienmitgliedern, die inzwischen Profis im Einfrieren von Resten sind.

**Bratensauce**

**Brot** – altbackenes Brot zu Semmelbröseln (siehe Seite 23) reiben, in Beuteln einfrieren und unaufgetaut über Speisen streuen

**Buttercreme** zum Garnieren von Torten

**Dosentomaten**

**Eigelb** – mit Salz oder Zucker bestreut in Eiswürfelbehältern einfrieren und nach dem Auftauen für süße oder salzige Rezepte verwenden

**Eiweiß** – in Behältern oder in Beuteln mit genauer Angabe der Zahl einfrieren und nach dem Auftauen wie frisches Eiweiß verwenden

**Fruchtsäfte**

**Gebäck**

**Gebratenes Fleisch, z. B. Hühnchen oder Schinkenbraten** – gewürfelt oder zerkleinert in Beuteln einfrieren

**Gekochtes Gemüse** – um es später für eine Suppe oder einen Eintopf zu verwenden

**Gerippe von gebratenem Hühnchen** – um später eine Hühnerbrühe daraus zu kochen

**Hartkäse** – wird durch das Einfrieren häufig etwas krümelig, also am besten nach dem Auftauen zum Überbacken benutzen oder schon gerieben in Beuteln einfrieren und unaufgetaut verwenden

**Kräuter** – klein gehackt einfrieren (Kräuter, die sich verfärben, wie z. B. Basilikum oder Estragon, können auch in Öl eingefroren werden)

**Lasagne oder Nudelauflauf** – Reste in Einzelportionen einfrieren

**Nudelsaucen** aus dem Glas

**Pesto** – in Eiswürfelbehältern einfrieren

**Pfannkuchenteig und Brandteig** (siehe Seite 29 und 30) – am besten in Eiswürfelbehältern einfrieren

**Sahne** – gut für Saucen, aber nicht für Schlagsahne geeignet

**Selbst gemachte Barbecuesauce**

**Sülze vom Braten eines Hühnchens oder eines Truthahns** – das Fett abschöpfen und die Sülze in Würfeln einfrieren; nach dem Auftauen zum Aromatisieren von Aufläufen und Saucen verwenden

**Weichkäse,** z. B. Camembert oder Brie

**Wein** – in Eiswürfelbehältern oder kleinen Portionen einfrieren und die gefrorenen Würfel in Aufläufe oder Suppen geben

**Zitronen, Orangen und Limetten** – in Scheiben geschnitten auf einem Tablett einfrieren und später in Beutel umfüllen

# Wenn es Obst oder Gemüse in Hülle und Fülle gibt

Auch wer keinen Gemüsegarten hat, sollte Obst und Gemüse frisch und preisgünstig in der jeweiligen Saison kaufen und so lagern, dass es auch nach Monaten noch verwendbar ist.

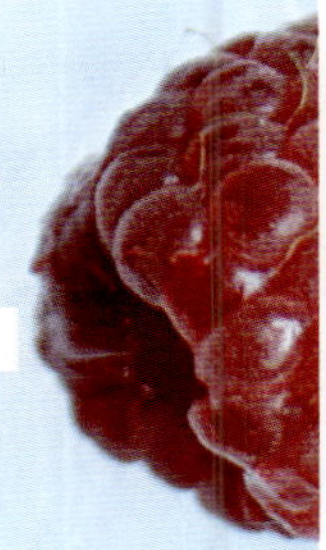

U.S

# Grundrezepte und Mengen

# Apfelmus

1,25 kg Kochäpfel, geschält und entkernt

**Ein Grundrezept für ungesüßtes Apfelmus, das für süße wie herzhafte Speisen verwendet werden kann. Häufig mische ich das Mus mit einer Dose Aprikosen (im eigenen Saft) und etwas Zucker und habe so eine ganz schnelle Streuselkuchenfüllung. Leicht gesüßt und mit gedünsteten Zwiebeln, Salbei und Sahne gemischt, hat man im Handumdrehen eine Beilage für Schweinebraten. Die Garzeit variiert je nach Mikrowelle.**

Ergibt 1 Liter

Die Äpfel in feine Scheiben schneiden und in ein mikrowellengeeignetes Gefäß geben. Etwas Wasser zugeben (sodass der Boden ungefähr 1 cm hoch bedeckt ist) und das Gefäß mit einem Deckel oder Klarsichtfolie (Loch hineinstechen, damit der Dampf entweichen kann) abdecken. Die Mikrowelle auf höchster Stufe 8 Minuten laufen lassen. Die Äpfel umrühren und erneut für 4 Minuten in die Mikrowelle geben, bis sie weich sind. Wer es ganz weich mag, kann das Mus noch pürieren.

Wer keine Mikrowelle besitzt, kann die Äpfel mit etwas Wasser einfach in einem Topf sanft köcheln lassen und dabei gelegentlich umrühren.

(F) Abkühlen lassen, in Beutel oder Gefriergefäße füllen und etikettieren.

(A) 3–4 Stunden bei Raumtemperatur auftauen lassen oder in der Mikrowelle (mit Hilfe der Auftaustufe)auftauen.

(E) In einem Topf zugedeckt auf kleiner Flamme sanft erwärmen oder zum Erhitzen in die Mikrowelle geben.

# Dunkle Schokoladensauce

175 ml Vollmilch
2 EL Kakaopulver
2 EL Zuckerrübensirup
50 g Butter, gewürfelt
150 g gute dunkle Schokolade, in Stücke gebrochen

**Eis mit heißer Schokoladensauce ist ein schnell zubereiteter und wirkungsvoller Trostspender. Die Sauce schmeckt mit einem Klecks Sahne wunderbar zu gedünsteten Birnen und Pfannkuchen.**

Ergibt 400 ml

Etwas Milch in einen Topf geben und das Kakaopulver unterrühren, bis ein Brei entsteht. Die restliche Milch und den Sirup zugeben und erhitzen. Kurz vor dem Siedepunkt den Topf vom Herd nehmen, 1 Minute abkühlen lassen und dann Butter und Schokolade unterrühren, bis beides geschmolzen ist.

(F) Die Sauce in ein Gefriergefäß geben, abkühlen lassen, etikettieren und einfrieren.

(A) Das Gefäß in eine Schüssel mit heißem Wasser stellen und die Sauce gelegentlich umrühren (das dauert etwa 30 Minuten) oder bei Raumtemperatur auftauen lassen.

(E) Die Sauce in ein hitzebeständiges Gefäß füllen und im Wasserbad erwärmen oder vorsichtig in der Mikrowelle erhitzen.

**Variation:**
**Schokoladen-Rum-Sauce:** Vor dem Einfrieren 1–2 EL Rum untermischen.

# Weiße Schokoladensauce

300 g süße Sahne
300 g gute weiße Schokolade
1 nussgroßes Stück Butter

**Heiß serviert eine wunderbare Sauce zu eisgekühlten sommerlichen Beeren.**

Ergibt 400 ml

Sämtliche Zutaten in einem feuerfesten Gefäß im Wasserbad verrühren, bis die Schokolade und die Butter geschmolzen sind.

(F) Die Sauce in einen Gefrierbehälter füllen, abdecken, etikettieren und einfrieren.

(D) Das Gefäß in eine Schüssel mit heißem Wasser stellen und gelegentlich umrühren (das dauert etwa 30 Minuten) oder bei Raumtemperatur auftauen lassen.

(E) Die Sauce in ein hitzebeständiges Gefäß füllen und im Wasserbad erwärmen oder vorsichtig in der Mikrowelle erhitzen.

# Grundrezept für weiße Sauce

50 g Butter
50 g Mehl
600 ml Milch

**Ich liebe diese einfache Sauce, weil ich fast nie genug Zeit für eine traditionelle Béchamelsauce habe und man diese Sauce genauso gut beispielsweise für Lasagne oder überbackenen Blumenkohl verwenden kann. Wer es jedoch, wie mein Vater, lieber traditionell mag, kann die gleichen Mengen nutzen und zerlässt erst die Butter, rührt das Mehl unter und gibt nach und nach die Milch hinzu. Wenn die Sauce zu dick wird, einfach noch etwas mehr Milch hinzufügen.**

Ergibt 700 ml

Sämtliche Zutaten in einen Topf geben und auf kleiner Flamme mit dem Schneebesen verrühren. Die Butter schmilzt nach und nach und die Sauce wird dicker. Mit einem Löffel die Sauce vom Rand des Topfbodens lösen, sonst entstehen Klumpen. Kurz aufkochen lassen, würzen und 2 Minuten köcheln lassen.

(F) Die Sauce in einen Gefrierbehälter gießen, Klarsichtfolie darüberlegen und abkühlen lassen. Anschließend Klarsichtfolie entfernen, mit einem Deckel schließen, etikettieren und einfrieren.

(D) Bei Raumtemperatur (nicht zu warm) etwa 4–6 Stunden auftauen lassen.

**Variationen:**

**Käsesauce:** 75 g geriebenen Käse in die köchelnde Sauce einrühren.

**Petersiliensauce:** Zunächst die Butter zerlassen und 3 EL fein gehackte Petersilie unterrühren. Eine Minute sanft köcheln lassen, dann das Mehl unterrühren und schließlich nach und nach die Milch zugeben. Mit Salz und Pfeffer würzen, aufkochen und 2 Minuten köcheln lassen.

**Champignonsauce:** 6 in Scheiben geschnittene Champignons in der Butter sautieren, Mehl zugeben und unter Rühren nach und nach die Milch zugießen. Mit Salz und Pfeffer würzen, aufkochen und 2 Minuten köcheln lassen.

**Garnelensauce:** Eine gute Hand voll aufgetauter, vorgekochter und geschälter Garnelen in die aufgetaute und wieder erwärmte Sauce geben und 3–5 Minuten köcheln lassen, bis die Sauce durch und durch heiß ist. Nicht erneut einfrieren.

# Brotsauce

700 ml Vollmilch
1/2 Zwiebel
8 Nelken
2 Lorbeerblätter
Salz, Pfeffer aus der Mühle
100 g Semmelbrösel
1 nussgroßes Stück Butter

**Diese schnell zubereitete und dabei fantastisch cremige Sauce ist zu gebratenem Hähnchen eigentlich unverzichtbar.**

Ergibt 750 ml (für 6–8 Portionen)

Die Milch in einem Topf sanft erhitzen. In der Zwischenzeit die Zwiebel mit den Nelken spicken und mit den Lorbeerblättern und etwas Salz und Pfeffer in den Topf geben. So langsam wie möglich weiter erhitzen, bis die Milch heiß ist, aber nicht kocht. Semmelbrösel unterrühren und 20 Minuten ziehen lassen. Zwiebel und Lorbeerblätter entfernen und die Sauce in geeignete Gefrierbehälter umfüllen.

(F) Abkühlen lassen, abdecken, etikettieren und einfrieren.

(A) Über Nacht im Kühlschrank auftauen lassen oder Mikrowelle mit Auftautaste benutzen.

(E) In einem Topf langsam erhitzen und kurz vor dem Servieren die Butter unterrühren.

# Semmelbrösel

8 Scheiben (etwa 300 g) altbackenes, in Scheiben geschnittenes Brot mit weicher Rinde

**Semmelbrösel braucht man eigentlich immer – egal ob für salzige und süße Speisen, für Füllungen oder zum Überbacken.**

Ergibt 300 g

Das Brot zerkleinern und in der Küchenmaschine fein mahlen.

(F) Jeweils 150 g in eine kleine Tüte füllen, etikettieren und einfrieren. Für die meisten Rezepte ist es nicht nötig, die Semmelbrösel vor der weiteren Verwendung aufzutauen.

# Madeirasauce

15 g Butter
1/2 Zwiebel, fein gehackt
1 gestrichener EL Mehl
3 Zweige Thymian
1 Lorbeerblatt
250 ml Rinderfond oder Rinderbrühe
1 EL Johannisbeergelee
1 gehäufter TL Tomatenketchup
Salz, Pfeffer aus der Mühle
6 EL Madeira

**Da diese Sauce hervorragend zu Rinder- und Lammbraten passt, sollte man davon immer eine Portion im Tiefkühlfach haben, vor allem wenn bei der Zubereitung des Bratens wenig Bratensaft entsteht, z. B. beim Rindfleisch in Blätterteig auf Seite 80. Dies ist eine vereinfachte Version der Sauce, die meine Mutter immer zu Lamm reichte.**

Ergibt 250 ml

Die Butter in einem Topf zerlassen und die Zwiebeln 5–10 Minuten weich dünsten. Mehl einrühren und danach Kräuter, Fond oder Brühe, Johannisbeergelee, Ketchup, Salz und Pfeffer zugeben. 10 Minuten sanft köcheln lassen, Madeira zugeben und weitere 5–10 Minuten köcheln lassen. Nach Geschmack nachwürzen.

(F) Vor dem Einfrieren abkühlen lassen.

(A) Bei Raumtemperatur 4–6 Stunden auftauen lassen.

(E) Langsam in einem Topf erhitzen.

# Hühnerbrühe

2 Brathähnchenkarkassen
2 Stangen Staudensellerie, fein gehackt
1 große Möhre, fein gehackt
1 große Zwiebel, fein gehackt
8 Pfefferkörner
3–4 Zweige Thymian
2 Lorbeerblätter
1 kleines Bund Petersilie
2,5 l kaltes Wasser
ggf. Salz

**Ich muss gestehen, dass ich noch nie Hühnerbrühe aus rohen Knochen gemacht habe, aber mit Knochen von gebratenem Hähnchen ist es sehr einfach. Einfach das Gerippe mit den anderen Zutaten zusammen kochen lassen und dabei die Zeitung lesen. Das Ergebnis schmeckt köstlich und kostet viel weniger, als frische Hühnerbrühe zu kaufen. Will man mit der Brühe jedoch einen Brühwürfel ersetzen, sollte man noch etwas Salz zugeben.**

Ergibt etwa 1,5 Liter

Sämtliche Zutaten in einen großen Topf geben, langsam aufkochen und dann 2 Stunden köcheln lassen. Durch ein Sieb in geeignete Gefrierbehälter gießen.

(F) Vor dem Einfrieren abkühlen lassen.

(A) Je nach Menge 4–6 Stunden bei Raumtemperatur auftauen lassen.

(E) Nach den Vorgaben des jeweiligen Rezepts verwenden.

# Süßer Mürbeteig

250 g weiche Butter
125 g Zucker
1 ganzes Ei plus 1 Eigelb
500 g gesiebtes Mehl
1 EL kaltes Wasser

Ergibt etwa 1 kg

Butter und Zucker in der Küchenmaschine schaumig rühren. Eier zugeben und erneut rühren. Mehl und Wasser zugeben und weitere 5 Sekunden rühren, danach die Masse vom Schüsselrand schaben und alles erneut vermischen, bis sich die Zutaten zu einem Teig verbinden. Kurz mit den Händen zu einer Kugel zusammendrücken, abwiegen und in die gewünschten Portionen teilen.

(F) Eng in einen Gefrierbeutel wickeln, etikettieren und einfrieren.

(A) Vor der weiteren Verwendung 1–2 Stunden bei Raumtemperatur auftauen lassen.

# Salziger Mürbeteig

500 g Mehl
125 g kalte Butter, gewürfelt
125 g kalter Speck, gewürfelt
1 große Prise Salz
eiskaltes Wasser

Ergibt etwa 800 g

Mehl, Butter, Speck und Salz in einer Küchenmaschine kurz durchmischen, bis Krümel entstehen und dann nach und nach so viel Wasser zugeben, dass ein glatter Teig daraus wird. Den Teig mit den Händen zu einer Kugel formen, auf einer bemehlten Arbeitsfläche ausrollen und in die gewünschten Portionen teilen.

(F) Eng in einen Gefrierbeutel wickeln, etikettieren und einfrieren.

(A) Vor der weiteren Verwendung 1–2 Stunden bei Raumtemperatur auftauen lassen.

# Yorkshire-Puddings

3 große Eier
etwa 175 g Mehl
etwa 175 ml halbfette Milch oder Vollmilch, mit etwas Wasser gestreckt
2 Prisen Meersalzflocken
Pfeffer aus der Mühle
Sonnenblumen- oder Pflanzenöl zum Backen

**Ein supereinfaches Rezept für eine typisch britische Bratenbeilage. Falls Sie nur zwei Eier haben, die Eier abwiegen und jeweils die gleiche Menge Mehl und Milch verwenden. Genauso einfach lässt sich die Teigmenge auch verdoppeln. Beim Erhitzen etwas Bratensaft in die Mitte träufeln, und die Yorkshire-Puddings schmecken noch mal so gut.**

Ergibt 12–14 Stück

Sie benötigen dafür ein Muffinblech mit 12–15 Mulden.

Den Backofen auf 230 °C vorheizen. Die Eier aufschlagen, abwiegen und in eine Schüssel geben. Exakt die gleiche Menge Mehl und Milch abwiegen und das Mehl über die Eier sieben. Eier, Mehl, Salzflocken und etwas Pfeffer miteinander vermischen und nach und nach die Milch unterrühren, bis ein glatter, flüssiger Teig entsteht.

Einen halben Teelöffel Öl in jede Mulde des Muffinblechs geben und die Form 10 Minuten im Backofen erhitzen, bis das Öl dampft. Die Mulden zu je einem Drittel mit dem Teig auffüllen, die Form sofort wieder in den Backofen stellen und 12–15 Minuten backen. Erst gegen Ende der Backzeit die Ofentür öffnen, da die Yorkshire-Puddings ansonsten nicht so gut aufgehen. Die einzelnen Puddings in der Form wenden und erneut einige Minuten im Backofen backen, damit sie auch von unten knusprig werden. Auf einen Kuchenrost stürzen und abkühlen lassen.

(F) Einzeln einfrieren, danach in einen Gefrierbeutel packen, etikettieren und erneut einfrieren. Auch der noch nicht ausgebackene Teig lässt sich einfrieren. Nach dem Auftauen dann einfach nach obiger Anleitung backen.

(E) Die tiefgefrorenen Yorkshire-Puddings 5–10 Minuten im auf 200 °C vorgeheizten Backofen aufbacken. Die Temperatur muss nicht exakt sein, daher können Sie die Puddings einfach zum Ende der Garzeit des Bratens mit in den Backofen geben.

# Englische Creme

250 ml Vollmilch
100 g süße Sahne
1 Vanilleschote, das Mark ausgekratzt
2 große Eigelb
1 1/2 EL brauner Zucker
1 gehäufter TL Maismehl

**Ich liebe diese cremige Vanillesauce. Das Rezept ist idiotensicher, und die Creme wird nicht gerinnen, da gebe ich Ihnen mein Wort. Die Creme ist recht flüssig, wer's dicker mag, fügt einfach noch einen Teelöffel Maismehl hinzu.**

Ergibt 400 ml

Milch und Sahne in einen Topf geben und Vanillemark zufügen. Sanft erhitzen, aber nicht kochen lassen. Gleichzeitig Eigelbe, Zucker und Maismehl in einer Schüssel schaumig schlagen. Mit einem Schneebesen die heiße Milchmischung unter die Eiermischung rühren, alles zurück in den Topf geben und unter ständigem Rühren so lange erwärmen, bis die Creme eindickt. Das dauert etwa 3–4 Minuten.

(F) Die Creme in einen Gefrierbehälter füllen und die Oberfläche während des Abkühlens mit Klarsichtfolie bedecken, damit sich keine Haut bildet. Folie entfernen, zudecken, etikettieren und einfrieren.

(A) Über Nacht im Kühlschrank auftauen lassen.

(E) Vorsichtig in einem Topf erwärmen.

# Pfannkuchen

125 g Mehl
1 großes Ei
1/2 TL Pflanzen- oder Sonnenblumenöl
1 Prise Salz
300 ml Vollmilch
etwa 25 g Butter

Ergibt 6 Pfannkuchen

Mehl, Ei, Öl, Salz und die Hälfte der Milch in einer Schüssel mit dem Schneebesen oder einem Mixer zu einem glatten Teig verrühren. Die restliche Milch zugeben und erneut vermischen.

Die Butter zerlassen und eine Pfanne damit gleichmäßig auspinseln. Eine Kelle Teig in die Pfanne geben und die Pfanne so schwenken, dass sich der Teig gleichmäßig dünn verteilt. Bei mittlerer Hitze so lange backen, bis der Pfannkuchen an den Rändern langsam braun wird. Den Pfannkuchen wenden, die andere Seite goldbraun backen und auf Backpapier legen. Mit dem restlichen Teig ebenso verfahren und jeweils zwischen zwei Pfannkuchen eine Lage Backpapier legen.

(F) Die abgekühlten Pfannkuchen in Küchenfolie wickeln und einfrieren.

(A) Die Pfannkuchen 1–2 Stunden bei Raumtemperatur auftauen lassen.

(E) Kurz in der Pfanne oder der Mikrowelle erwärmen.

# Vielseitige Tomatensauce

3 EL Olivenöl
2 große rote Zwiebeln, fein gehackt
2 kg frische, sehr reife Tomaten
3 Knoblauchzehen, zerdrückt
2 TL Zucker
1 1/2 EL Aceto balsamico
Salz, Pfeffer aus der Mühle

**Ich nenne diese Sauce scherzhaft „Tomatenschwemme“, weil man sämtliche im Garten herangereifte Tomaten auf einen Schlag verbrauchen kann. Ich habe dieses Rezept einfach und schmackhaft gehalten, doch natürlich kann man es beispielsweise durch die Zugabe von Chili, Möhren, Zucchini oder frisch gehacktem Basilikum variieren. Ihrer Fantasie sind keine Grenzen gesetzt. Eine wunderbare Sauce zu Nudeln, als Basis für eine Bolognese, als Pizzabelag (siehe Seite 160) oder als Sauce zu Hühnchen mit Chorizo, Paprika und Oliven (siehe Seite 84).**

Ergibt 1,3 Liter

Das Öl langsam in einem großen Topf erhitzen und die Zwiebeln behutsam 15–20 Minuten glasig anschwitzen. In der Zwischenzeit die Tomaten in eine große Schüssel geben und mit kochend heißem Wasser übergießen, bis sie vollständig bedeckt sind. Nach einer Minute das Wasser abgießen und die Tomaten abziehen. Anschließend die Tomaten grob hacken, dabei den harten Strunk in der Mitte entfernen.

Knoblauch und Zucker zu den Zwiebeln geben und unter ständigem Rühren 5 Minuten mitdünsten. Tomaten, Aceto balsamico und etwas Salz und Pfeffer zugeben und 1–1 1/2 Stunden einkochen lassen, bis eine dickflüssige Sauce entstanden ist.

(F) Abkühlen lassen, auf Gefrierbehälter aufteilen, zudecken, etikettieren und einfrieren.

(A) 4–5 Stunden (je nach Größe des Behälters) bei Raumtemperatur auftauen lassen.

(E) Auf kleiner Flamme oder in der Mikrowelle sanft erhitzen.

# Hackfleischsaucen-Grundrezept

3–4 EL Olivenöl
2 kg Rinderhack
4 Zwiebeln, fein gehackt
6 große Möhren, geschält und klein gehackt
4 Stangen Staudensellerie, geputzt und in Scheiben geschnitten
4 Knoblauchzehen, zerdrückt
4 gehäufte TL Tomatenpüree
2 EL Mehl
3 Lorbeerblätter
4 TL Worcestershiresauce
2 Dosen (à 400 g) Tomatenstücke
1 l Rinderbrühe
Salz, Pfeffer aus der Mühle

**Eine Art Mischung aus Sauce Bolognese und Hackfleischfüllung für Pasteten. Für Ersteres gibt man beim Aufwärmen einfach noch etwas Tomatenpüree und ein paar Champignons zu; für eine Füllung eines Auflaufs oder einer Pastete fügt man beim Aufwärmen nach Geschmack noch tiefgefrorene Erbsen zu und bedeckt die Füllung mit einem Püree aus Wurzelgemüse. Außerdem eignet sich dieses Grundrezept für die Spinatlasagne auf Seite 98.**

Ergibt 12 Portionen

Einen Esslöffel Öl in einer großen Pfanne erhitzen und bei hoher Temperatur etwa ein Drittel des Hackfleischs anbraten. Mit einem Schaumlöffel das Hackfleisch in eine Schüssel umfüllen und das restliche Hackfleisch in zwei weiteren Portionen ebenfalls anbraten. Bei Bedarf noch etwas Öl in die Pfanne geben.

Zwiebeln, Möhren und Sellerie in die Pfanne geben und bei mittlerer Temperatur etwa 10 Minuten weich dünsten. Fleisch und Gemüse in einen großen Topf geben (wenn nötig, zwei Töpfe verwenden) und Knoblauch, Tomatenpüree und Mehl zugeben. Ein paar Minuten unter ständigem Rühren erhitzen, dann Lorbeerblätter, Worcestershiresauce, Tomaten und Brühe unterrühren. Mit Salz und Pfeffer würzen, weitere 45 Minuten köcheln lassen und dabei gelegentlich umrühren.

(F) Abkühlen lassen, in die gewünschten Mengen aufteilen, in Gefrierbehälter mit Deckeln oder in Beutel füllen, etikettieren und einfrieren.

(A) Über Nacht im Kühlschrank auftauen lassen.

(E) In einem Topf langsam erhitzen.

# Hühnchen mit Weißwein und Kräutern

- 8 Hähnchenschenkel
- 3 Lorbeerblätter
- 1 TL getrockneter Estragon
- 15 schwarze Pfefferkörner
- 30 g (1 mittelgroßes Bund) Petersilie, Blätter und Stiele getrennt
- 200 ml Weißwein
- 4 Stangen Staudensellerie, geputzt
- 4 Zwiebeln, abgezogen und halbiert
- 6 mittelgroße Möhren, geschält
- 1 nussgroßes Stück Butter
- 350 g Champignons, geviertelt
- 4 gehäufte EL Mehl
- 3 EL Crème double
- Salz, Pfeffer aus der Mühle

**Mein Bruder Al unterrichtet an Jamie Olivers wunderbarer Kochschule Recipease in Brighton. Dieses Rezept ist eine Abwandlung eines Gerichts, das er mal für uns zu Hause gekocht hat. Wer mag, fügt noch blanchierten Spargel, Erbsen, Bohnen und einen Löffel Crème fraîche zu.**

Für 8 Personen

Hähnchenschenkel, Lorbeerblätter, Estragon, Pfefferkörner, Petersilienstängel, Weißwein und zwei Stangen Sellerie in einen großen Topf geben. Jeweils zwei Zwiebeln und Möhren halbieren und ebenfalls hinzugeben und den Topf mit kaltem Wasser auffüllen, bis die Hühnerbeine vollständig bedeckt sind (etwa 2 Liter). Zugedeckt alles aufkochen, dann die Temperatur etwas reduzieren und alles halb abgedeckt etwa 25 Minuten sanft köcheln lassen.

Die Hähnchenschenkel aus dem Topf heben und beiseitestellen, aber die Brühe weiter köcheln lassen. Die restlichen Zwiebeln, Möhren und Selleriestangen fein hacken.

In einem weiteren Topf bei kleiner Hitze die Butter zerlassen und das fein gehackte Gemüse mit einer Prise Salz vermischt 6–8 Minuten dünsten. Das Hähnchenfleisch von den Knochen lösen und beiseitestellen. Knochen und Haut wieder in die Brühe geben und weiter köcheln lassen.

Die geviertelten Pilze zum Gemüse in den Topf geben und alles 3–4 Minuten bei hoher Temperatur anbraten. Das Mehl unterrühren und eine Minute mitbraten. Die Brühe durch ein feines Sieb in einen Messbecher gießen, 800 ml abmessen (der Rest lässt sich wunderbar einfrieren), den größten Teil der Menge zum Gemüse geben, langsam unterrühren und weiter köcheln lassen, bis die Sauce eindickt. Sollte sie zu dick werden, einfach noch etwas Brühe nachgießen. Die Sauce sollte am Ende so dickflüssig sein, dass sie einen Löffel überzieht. Fein gehackte Petersilienblätter und Hühnerfleisch zugeben, die Sahne unterrühren und mit Salz und Pfeffer abschmecken.

(F) Portionsweise in geeignete Gefrierbehälter füllen, abkühlen lassen, etikettieren und einfrieren.

(A) Über Nacht im Kühlschrank auftauen lassen.

# Thailändische grüne Currypaste

- 8 Kaffirlimettenblätter, fein gehackt
- 4 Schalotten, abgezogen und in Scheiben geschnitten
- 4 grüne Chilischoten, entkernt und in 1 cm große Stücke gehackt
- 4 Knoblauchzehen, fein gehackt
- 2 Zitronengrasstängel, geputzt und fein gehackt
- 1 5 cm großes Stück Ingwer, geschält und fein gehackt
- 1 Bund (75 g) Koriander, Blätter und Stängel
- 1 Handvoll Basilikumblätter
- 1 1/2 TL weicher dunkler Zucker oder Palmzucker
- 1 TL Meersalzflocken
- 1 TL gemahlener Koriander
- 3/4 TL thailändisches 5-Gewürze-Pulver (nach Belieben)
- 2 EL Sonnenblumenöl
- 2 EL grüne Pfefferkörner in Lake, abgetropft

**Wann immer ich Zeit hatte, versuchte ich, meine eigene grüne Currypaste herzustellen, statt fertige Currypaste im Glas zu kaufen. Jetzt mache ich einfach eine größere Menge und friere sie portionsweise ein. Sie schmeckt viel besser als gekaufte Currypaste, und bei dieser Menge kann man die Kräuter bundweise verwenden und muss nichts wegwerfen. Da Chilischoten so unterschiedlich scharf sind, ist es manchmal ganz schön schwierig, den richtigen Schärfegrad hinzukriegen. Wer es am liebsten ganz scharf mag, kann auch die Kerne mit untermischen. Diese Paste eignet sich z. B. für das Butternusskürbiscurry mit Kokosnuss und Hähnchen (Seite 66), die Nudelsuppe mit Garnelen (Seite 71) oder die asiatischen Rindfleischspieße (Seite 62).**

Ergibt 16 kleine Würfel (genug für etwa 10 Portionen Curry)

Sämtliche Zutaten bis auf die grünen Pfefferkörner mit 2 Esslöffeln Wasser in eine Küchenmaschine geben und zu einer glatten Paste verrühren. Zwischendurch immer mal wieder die Zutaten vom Schüsselrand abschaben. Die Paste in eine Schüssel füllen und die Pfefferkörner untermischen.

(F) Die Paste in einen Eiswürfelbehälter füllen und einfrieren. Die gefrorenen Würfel in einen Beutel umfüllen, etikettieren und weiter einfrieren.

(A) Drei Würfel für zwei Portionen Curry verwenden. Etwas Öl in einem Topf erhitzen, die gefrorenen Würfel hineingeben und langsam erhitzen, bis die Würfel aufgetaut sind. Die Paste weitere 2 Minuten unter ständigem Rühren rösten und dann eine Dose Kokosmilch unterrühren. Nach Belieben Hühnerfleisch, Garnelen oder Gemüse zugeben und garen. Kurz vor dem Servieren einen Schuss Fischsauce und etwas frischen Limettensaft untermischen.

# Knoblauchbrot

4 EL weiche Butter
2 Knoblauchzehen, zerdrückt
1 EL Petersilie, fein gehackt
Salz, Pfeffer aus der Mühle
1 großes Ciabatta oder ein 400 g schweres Stangenweißbrot, in 2,5 cm breite Scheiben teilen und diese jeweils nur zu drei viertel durchschneiden

**Ich kaufe nur selten Knoblauchbrot, weil zumindest die günstigen Versionen geschmacklich meist enttäuschend sind. Selbstgemachtes Knoblauchbrot ist hingegen ein echter Leckerbissen und schmeckt zum Beispiel absolut köstlich als kleine Vorspeise bei einem Pasta-Abend mit Freunden.**

Für 4–6 Personen

Butter, Knoblauch, Petersilie und Salz in einer Schüssel miteinander vermischen und mit Salz und Pfeffer abschmecken. Die angeschnittenen Brotscheiben großzügig damit streichen.

(F) Das Brot in Alufolie wickeln und in einem Gefrierbeutel einfrieren.

(A) 2–3 Stunden vor dem Verzehr aus dem Gefrierschrank nehmen.

(E) Den Backofen auf 220 °C erhitzen. Das Brot in der Alufolie auf einem Backblech 15 Minuten im Backofen backen.

# Suppen und Vorspeisen

# Würzige Möhrensuppe mit Tomaten, Chorizo und Koriander

1 EL Olivenöl
1 rote Zwiebel, fein gehackt
250 g Chorizo, in kleine Würfel geschnitten
400 g Möhren, geschält und in kleine Würfel geschnitten
400 g Süßkartoffeln, geschält und in kleine Würfel geschnitten
3 Stangen Staudensellerie, in kleine Würfel geschnitten
1–2 TL getrocknete Chilischoten, zerstoßen
1 TL Kreuzkümmelsamen
1/2 TL gemahlener Koriander
1/2 TL Kurkuma
350 g Tomaten, in kleine Würfel geschnitten
1 l Hühnerbrühe
1 Bund (30 g) Koriander, fein gehackt
1 Dose (400 g)Kichererbsen, abgetropft
Salz, Pfeffer aus der Mühle
Saft von 1 Limette

**Zum Servieren**
Fladenbrot, in Dreiecke geschnitten, und Manchego (nach Belieben)

**Es ist ein klein wenig beschämend, aber meinem Mann sind in seinem Gemüsebeet bislang nur ein paar schrumpelige Mohrrüben geglückt. Man hat uns gesagt, dass es an unserem steinigen Boden läge, aber uns fehlt einfach die Energie zum Aufsammeln der Steine. So muss ich merkwürdig geformte, knubbelige Möhren verwenden. Aber in diesem schmackhaften Eintopf kommen sie wunderbar zur Geltung.**

Ergibt 1,7 Liter

In einem großen Topf das Öl erhitzen und die Zwiebeln und die Wurst 5 Minuten sanft anbraten. Anschließend Möhren, Süßkartoffeln und Sellerie zugeben und alles zusammen weitere 10 Minuten schmoren. Gelegentlich umrühren. Gewürze zugeben und 2 Minuten mitkochen, danach Tomaten und Brühe zugeben. Großzügig würzen, alles aufkochen und 20 Minuten sanft köcheln lassen, bis das Gemüse weich ist.

Vier Schöpfkellen Suppe in einen Mixer geben und die Hälfte des Korianders und der Kichererbsen hinzufügen. Die Suppe pürieren und mit den restlichen Kichererbsen und dem Koriander zurück in den Topf geben. Etwas Limettensaft unterrühren, abschmecken und eventuell mit Salz und Pfeffer nachwürzen. Nach Geschmack mit frischem Fladenbrot und Manchego servieren.

(F) In einen geeigneten Gefrierbehälter füllen, abkühlen lassen, etikettieren, mit einem Deckel versehen und einfrieren.

(A) Über Nacht im Kühlschrank auftauen lassen.

(E) In einem Topf auf kleiner Flamme langsam erhitzen.

# Cremige Zucchini-Lauch-Suppe mit Parmesan

50 g Butter
2 mittelgroße Lauchstangen, geputzt und in Scheiben geschnitten
3 Stangen Staudensellerie, geputzt und fein gehackt
1 kg Zucchini, in dicke Scheiben geschnitten
1 große Knoblauchzehe, fein gehackt
2 Zweige Rosmarin
850 ml würzige Hühnerbrühe
75 g Parmesan, gerieben
40 g alter Cheddar, gerieben
300 ml Vollmilch
Salz, Pfeffer aus der Mühle

**Zum Servieren**
2 EL Petersilie, fein gehackt

**Das Wunderbare an dieser Suppe ist, dass man dafür neben den kleinen auch eine der sonst unbrauchbaren übergroßen Zucchini verwenden kann, von denen immer mindestens eine pro Saison heranreift. Große Zucchini vor dem Wiegen schälen und Kerne und harte Stellen entfernen. Ich nehme meist gelbe Zucchini, die weichere Schalen haben und deshalb nicht unbedingt geschält werden müssen.**

Für 6 Personen

In einem großen Topf die Butter zerlassen und Lauch und Sellerie 5 Minuten anbraten. Zucchini zugeben und 10 Minuten mitschmoren. Knoblauch und Rosmarin zugeben und 3–4 Minuten unterrühren. Brühe zugießen, würzen und zugedeckt 15 Minuten köcheln lassen, bis das Gemüse weich ist.

Rosmarinzweige entfernen und erst Käse und dann Milch unterrühren. Die Suppe pürieren, mit Salz und Pfeffer abschmecken und mit Petersilie bestreut servieren.

(F) In einen geeigneten Gefrierbehälter füllen, abkühlen lassen, etikettieren, mit einem Deckel versehen und einfrieren.

(A) Über Nacht im Kühlschrank auftauen lassen.

(E) In einem Topf auf kleiner Flamme langsam erhitzen.

# Erbsensuppe mit Brunnenkresse

**Da sich bei uns hier in Hampshire ein Anbaugebiet für Brunnenkresse befindet, fühle ich mich geradezu verpflichtet, dieser saftigen und gesunden Blattpflanze mindestens ein bis zwei Rezepte zu widmen.**

Ergibt 1,5 Liter

25 g Butter
1 große Zwiebel, abgezogen und in Scheiben geschnitten
2 Stangen Staudensellerie, geputzt und in Scheiben geschnitten
250 g Kartoffeln, geschält und in 5 cm große Würfel geschnitten
550 ml Hühner- oder Gemüsebrühe
200 g frische oder tiefgefrorene Erbsen
150 g Brunnenkresse
500 ml Vollmilch

**Zum Servieren**
Croûtons und Brunnenkresse

In einem großen Topf die Butter zerlassen und die Zwiebelscheiben bei mittlerer Temperatur 6–8 Minuten anschwitzen. Sellerie und Kartoffeln zufügen und weitere 5 Minuten mitdünsten, dabei gelegentlich umrühren. Die Brühe zugießen und aufkochen lassen, danach die Suppe 15 Minuten köcheln lassen, bis die Kartoffeln gar sind.

Erbsen und Brunnenkresse (ein paar Stängel zum Garnieren zurückbehalten) zugeben und die Suppe noch ein paar Minuten weiter köcheln lassen, bis die Brunnenkresse in sich zusammengefallen ist. Den Topf vom Herd nehmen, die Milch untermischen und die Suppe in einem Standmixer oder mit einem Stabmixer pürieren.

(F) In einen geeigneten Gefrierbehälter füllen, abkühlen lassen, etikettieren, mit einem Deckel versehen und einfrieren.

(A) Über Nacht im Kühlschrank auftauen lassen.

(E) In einem Topf auf kleiner Flamme langsam erhitzen. Mit einer Schöpfkelle in Suppentassen füllen und mit knusprigen Croûtons und Brunnenkresse bestreut servieren.

# Gazpacho

- 1/2 große Gurke, grob geraspelt
- 1 grüne Paprikaschote, entkernt und in Stücke geschnitten
- 3 reife Strauchtomaten, entkernt und Stielansätze entfernt, in Spalten geschnitten
- 1/2 kleine rote Zwiebel, fein gehackt
- 2 dicke Scheiben altbackenes Weißbrot, in Stücke gerissen
- 2 Knoblauchzehen, fein gehackt
- 2 1/2 EL Olivenöl
- 2 1/2 EL Rotwein- oder Apfelweinessig
- 1 Prise Zucker
- Salz, Pfeffer aus der Mühle
- 400 ml Tomatensaft
- Tabasco (nach Belieben)

**Eiskalt in kleinen Gläsern serviert, ist diese Suppe an warmen Sommerabenden der Renner. Alternativ kann man diese Suppe in Tassen mit gekochten und geschälten Shrimps, beträufelt mit Zitronensaft und Öl, servieren oder sie mit gehackten blanchierten Mandeln bestreuen.**

Ergibt 1 Liter

Gurke, Paprika, Tomaten, Zwiebeln, Brot, Knoblauch, Öl, Essig und Zucker in eine Schüssel geben, etwas Salz und Pfeffer darüberstreuen und alles vermischen. 4 Stunden oder über Nacht ziehen lassen, bis sich die Aromen vermischt haben. In einem Standmixer zu einer glatten Suppe pürieren, den Tomatensaft unterrühren und abschmecken. Eventuell einen Spritzer Tabasco zugeben.

(F) In einen geeigneten Gefrierbehälter füllen, etikettieren, mit einem Deckel versehen und einfrieren.

(A) Über Nacht im Kühlschrank auftauen lassen.

# Cremige Butternusskürbissuppe

50 g Butter
1 große Zwiebel, fein gehackt
1 kg Butternusskürbis, geschält, entkernt und in Würfel geschnitten
2 große Möhren, geschält und in Würfel geschnitten
350 ml würzige Hühnerbrühe
700 ml Vollmilch
Salz, Pfeffer aus der Mühle
1 Prise frisch geriebene Muskatnuss

**Mir ist absolut bewusst, dass es bereits Millionen Kürbissuppenrezepte gibt, aber dieses Rezept schlägt sie alle! Benutzen Sie einen Standmixer (anstelle eines Stabmixers), dann wird die Suppe noch sämiger.**

Ergibt 1,8 Liter

Die Butter zerlassen und die Zwiebeln 5–8 Minuten anschwitzen, während Sie die anderen Gemüse vorbereiten. Butternusskürbiswürfel und Möhrenwürfel zugeben und weitere 10 Minuten sanft dünsten. Dabei häufig umrühren. Brühe und Milch zugießen und 20 Minuten sieden, aber nicht kochen lassen. Danach großzügig mit Salz, Pfeffer und Muskatnuss würzen, im Standmixer pürieren und erneut abschmecken.

(F) In einen geeigneten Gefrierbehälter füllen, abkühlen lassen, etikettieren, mit einem Deckel versehen und einfrieren.

(A) Über Nacht im Kühlschrank auftauen lassen.

(E) In einem Topf auf kleiner Flamme langsam erhitzen.

# Fischsuppe mit knusprigem Speck

**Eine meiner Lieblingssuppen, die bei uns häufig sogar als Sonntagsmahl gefragt ist. Allerdings sollte man dafür nur qualitativ hochwertigen geräucherten schottischen Schellfisch verwenden, weil sein Aroma einfach am besten ist.**

Für 4 Personen

- 25 g Butter
- 2 TL Olivenöl
- 1 große Zwiebel, fein gehackt
- 4 mittelgroße Kartoffeln (jeweils etwa 175 g schwer), neue Kartoffeln ungeschält, in 2–3 cm große Würfel geschnitten
- 1 EL Thymianblätter
- 1 Schuss Weißwein
- 500 ml kräftige Hühnerbrühe
- 750 ml Vollmilch
- 400 g Dosenmais, abgetropft, oder 2 große Maiskolben, die Maiskörner mit einem scharfen Messer vom Kolben geschnitten
- 450 g geräuchertes Schellfischfilet, in 4 cm große Würfel geschnitten
- Pfeffer aus der Mühle, Salz

**Zum Servieren**

- 5 dünne Scheiben Frühstücksspeck
- 2 EL Crème double
- 1 Handvoll Schnittlauchröllchen

Butter und Öl erhitzen, die Zwiebeln hineingeben und auf niedriger Flamme 5 Minuten anschwitzen. Kartoffeln zugeben und weitere 5 Minuten dünsten. Thymian und Wein zugeben und 1 Minute köcheln lassen, dann unter ständigem Rühren die Brühe zugeben. Milch zugießen und bis kurz vor dem Siedepunkt erhitzen. Danach die Hitze wieder reduzieren und die Suppe 10 Minuten köcheln lassen, bis die Kartoffeln gar sind.

Mais und Fisch zugeben, mit etwas Pfeffer würzen und weitere 10 Minuten köcheln lassen, bis der Fisch gar ist. Abschmecken und eventuell noch etwas nachsalzen.

(F) In einen geeigneten Gefrierbehälter füllen, abkühlen lassen, etikettieren, mit einem Deckel versehen und einfrieren.

(A) Über Nacht im Kühlschrank auftauen lassen.

(E) In einem Topf langsam erhitzen.

(S) Eine Pfanne erhitzen, den Frühstücksspeck hineingeben und knusprig braten. Auf Küchenpapier abtropfen lassen. Die Suppe in Schalen füllen, jeweils mit einem Klecks Crème double garnieren und mit etwas knusprigem Speck und Schnittlauch bestreuen.

# Würstchen im Schlafrock mit Senf und Mohn

- 1 Packung (400 g) Bratwürstchen mit Kräutern
- Mehl zum Bestäuben
- 500 g selbst gemachter salziger Mürbeteig (siehe Seite 28) oder eine 500-g-Packung frischer Mürbeteig
- 1 Ei, leicht verquirlt
- 2–3 EL Dijon-Senf oder nach Geschmack auch Chiligelee
- Mohn (oder Sesam) zum Bestreuen

**Meine Mutter hat jahrelang wunderhübsche halbmondförmige Würstchen im Schlafrock gebacken. Sie kann sich jedoch nicht mehr daran erinnern, aus welchem Partyrezeptbuch sie das Rezept ursprünglich hatte, daher habe ich die Zutaten leicht abgeändert. Dennoch möchte ich mich bei demjenigen bedanken, der auf die Idee gekommen ist, den Teig wie bei Croissants zu rollen. Knausern Sie nicht mit der Füllung, sonst schmecken die Teigtaschen zu trocken!**

Ergibt 18 Stück

Den Backofen auf 190 °C vorheizen.

Die Würstchen mit einem scharfen Messer längs aufschneiden, die Füllung herausdrücken und in eine Schüssel geben. Aus der Füllung 18 kleine, längliche Würstchen formen.

Den Teig auf einer großzügig mit Mehl bestäubten Arbeitsfläche dünn ausrollen und an den Rändern gerade schneiden, um ein 33 x 33 cm großes Quadrat zu haben. Den Teig längs in drei gleich breite Streifen schneiden und jeden Streifen nochmal in drei Quadrate teilen. Jedes Quadrat diagonal durchschneiden, sodass 18 Dreiecke entstehen.

Die Ränder der Dreiecke mit Ei bestreichen und jeweils einen kleinen Klecks Senf oder Chiligelee sowie ein Würstchen in die Mitte geben. Den Teig eng um die Füllung zur Spitze hin aufrollen und die Ecken einschlagen und festdrücken (keine Panik, wenn noch etwas von der Füllung hervorlugt). Mit Ei bestreichen und mit Mohn oder Sesam bestreuen. Die fertigen Teigtaschen auf ein mit Backpapier ausgelegtes Backblech legen und 20–25 Minuten im Backofen backen.

(F) Abkühlen lassen und zwischen Backpapierlagen in einer Dose einfrieren oder zunächst einzeln auf einem Tablett einfrieren und dann in Gefrierbeutel umfüllen.

(E) Die tiefgefrorenen Teigtaschen im auf 190 °C vorgeheizten Backofen etwa 8 Minuten aufbacken, bis sie durch und durch heiß sind.

# Zwei einfache Terrinen zum Einfrieren

**Jede von ihnen eine praktische und köstliche Vorspeise.**

### Geräucherte Forellenterrine

Ergibt 4–6 Stück

150 g Butter
125 g heiß geräucherte Forellenfilets
100 g kalt geräucherte Forelle
Schale und Saft einer 1/2 großen Zitrone
5 EL Crème double
1 TL Anchovissauce oder 2 Anchovis in Öl, abgetropft und fein gehackt
Pfeffer aus der Mühle

**Zum Servieren**
Warmer Toast und Zitronenspalten

Die Butter zerlassen und anschließend 5 Minuten abkühlen lassen. In der Zwischenzeit die heiß geräucherten Forellenfilets und die Hälfte der kalt geräucherten Forelle in einen Mixer geben. Zitronensaft und -schale, Sahne, Anchovissauce oder zerkleinerte Anchovis und etwas Pfeffer zugeben. Drei Viertel der zerlassenen Butter zugießen. Die Mischung zu einer glatten Paste verrühren.

Den Rest der Forelle in kleine Stücke teilen und mit in den Mixer geben. Ganz kurz untermixen, damit die Terrine noch etwas Biss hat. Abschmecken und mit dem Löffel in vier kleine Terrinenförmchen (oder eine große Form) füllen, mit der restlichen zerlassenen Butter auffüllen und kalt stellen.

### Hühnerleberparfait

Für 6–8 Personen

250 g Butter
1 TL neutrales Öl
1/2 kleine Zwiebel, fein gehackt
400 g frische Hühnerleber, grob gehackt
1 TL Thymianblätter
2 Petersilienstängel
1 Lorbeerblatt
Salz, Pfeffer aus der Mühle
1 kräftiger Schuss Cognac, Madeira oder süßer Sherry

**Zum Servieren**
Warmer Toast und Zwiebelmarmelade oder Chutney und ein Spritzer Zitronensaft

75 g Butter zerlassen, beiseitestellen. 75 g Butter und das Öl in einer Pfanne erhitzen, die Zwiebeln anschwitzen. Die Temperatur erhöhen, Hühnerleber, Kräuter sowie Salz und Pfeffer zugeben und 3–4 Minuten anbraten. Mit Cognac (Madeira oder Sherry) ablöschen, 2 Minuten köcheln und dann etwas abkühlen lassen. Lorbeerblatt und harte Stängel entfernen und alles in der Küchenmaschine zu einer glatten Paste pürieren. Die restliche Butter würfeln und bei laufendem Motor zu der Hühnerleberpaste geben. Abschmecken.

Für eine ganz glatte Terrine die Mischung durch ein Sieb in eine Schüssel streichen. Die Terrine in einzelne Förmchen oder in eine große Form füllen, glatt streichen, mit der zerlassenen Butter auffüllen und kalt stellen.

(F) Mit Klarsichtfolie abdecken, etikettieren und einfrieren.
(A) 6–8 Stunden im Kühlschrank auftauen lassen.
(S) 1 Stunde vor dem Servieren aus dem Kühlschrank nehmen.

# Terrine mit rosa Pfeffer

4 EL Cognac
14 weiche entsteinte Backpflaumen
2 Kaninchen, entbeint (Gesamtgewicht ohne Knochen etwa 800 g)
750 g Schweinespeckstreifen, in 1–2 cm große Stücke gehackt
1 nussgroßes Stück Butter
1 Schuss Pflanzenöl
1 kleine Zwiebel, fein gehackt
2 Kaninchenlebern
2 Knoblauchzehen, fein gehackt
100 g gewürfelter Bauchspeck
1/2 TL gemahlener Piment
1/2 TL Thymianblätter
2 Eier, leicht verquirlt
6 EL Hühnerbrühe
2 TL Meersalzflocken
Pfeffer aus der Mühle
2 TL rosa Pfefferkörner in Salzlake, abgetropft
300 g bzw. etwa 12 Scheiben Frühstücksspeck

**Zum Servieren**
Warmer Toast, Rucolasalat und Gürkchen

**Wer kein Kaninchen mag, kann stattdessen auch Huhn nehmen.**

Ergibt 2 Terrinen à 900 g, die jeweils für 8–10 Personen reichen.

Sie benötigen dafür zwei Kastenbackformen mit einem Füllgewicht von je 900 g.

Die Pflaumen in der Hälfte des Cognacs marinieren. Den Backofen auf 180 °C vorheizen. Die Hälfte des Kaninchenfleischs (vorzugsweise die Lenden) beiseitestellen und in dicke Streifen schneiden. Das restliche Fleisch klein hacken und mit dem Schweinespeck in eine Schüssel geben.

Butter und Öl in einer Pfanne erhitzen und die Zwiebeln 5–8 Minuten glasig anschwitzen. Lebern und Knoblauch zugeben und kurz braten. Mit den restlichen beiden Esslöffeln Cognac ablöschen und noch ein paar Minuten köcheln lassen. Anschließend in die Schüssel zu Speck und Kaninchenfleisch geben. Bauchspeckwürfel, Piment, Thymian, Eier, Brühe, 1 1/2 Teelöffel Meersalzflocken und etwas Pfeffer zugeben. Portionsweise in der Küchenmaschine verrühren, bis die Mischung eine hackfleischähnliche Konsistenz hat. Zurück in die Schüssel geben und die rosa Pfefferkörner untermischen.

Zwei rechteckige Backformen mit den Frühstücksspeckstreifen auslegen, dabei die Streifen quer zur Form legen, sodass sie an den Rändern überlappen. Die Hälfte des Fleischteigs in die Formen füllen und jeweils eine Reihe Pflaumen längs in die Mitte geben. Die ganzen Fleischstücke rechts und links der Pflaumen auslegen, sodass eine geschlossene Lage entsteht. Mit der restlichen Mischung die Formen auffüllen und den Frühstücksspeck darüberklappen. Beide Terrinenformen vollständig mit Alufolie umwickeln und in einen großen Bräter stellen. Den Bräter zu drei viertel mit kochendem Wasser füllen und die Terrinen 1 1/2 Stunden im Backofen garen.

Die Terrinen aus dem Backofen nehmen, abkühlen lassen, in Klarsichtfolie wickeln, mit Gewichten beschweren und in den Kühlschrank stellen.

(F) Die Terrinen aus den Formen holen und außen herum von der ausgeschwitzten Sülze befreien. Die Terrinen in Klarsichtfolie und Alufolie wickeln und einfrieren.

(A) Über Nacht im Kühlschrank auftauen lassen.

(S) 1 Stunde vor dem Servieren aus dem Kühlschrank nehmen, in Scheiben schneiden und, mit Gürkchen garniert, auf einem Salatbett mit warmem Toast servieren.

# Mais-Zucchini-Puffer mit geräuchertem Lachs

- 200 g Mehl
- 1 EL Backpulver
- 2 große Eier, leicht verquirlt
- 1 gehäufter TL Meersalzflocken
- 3 Prisen Cayennepfeffer
- 1 1/2 EL Schnittlauchröllchen
- 175 ml Vollmilch
- 25 g Butter, zerlassen, plus etwas Butter zum Ausbacken
- Pfeffer aus der Mühle
- 175 g Zucchini, geputzt und gerieben
- 2 Maiskolben (à 100 g), gekocht und Maiskörner abgeschabt, oder 150 g Mais aus der Dose

**Zum Servieren**

- 200 g Räucherlachs
- 8 EL Crème fraîche
- 1/2 kleine rote Zwiebel, in hauchdünne Scheiben geschnitten
- Minikapern, Schnittlauchröllchen und Zitronenspalten

**Diese Zucchinipuffer standen auf der Speisekarte eines Restaurants in Port Douglas, Australien, in dem ich gearbeitet habe. Eine wunderbare Alternative zu Blinis, wenn man sie in Fingerfood-Größe zubereitet.**

Ergibt 8 Küchlein (1 Küchlein pro Person als Vorspeise)

Mehl, Backpulver, Eier, Salz, Cayennepfeffer und Schnittlauchröllchen in eine Schüssel geben. Milch, zerlassene Butter und etwas Pfeffer zugeben und mit dem Schneebesen unterrühren. Zucchini und Maiskörner zugeben und untermischen.

Ein nussgroßes Stück Butter in einer großen Bratpfanne zerlassen und jeweils etwa 1 1/2 Esslöffel Teig als Häuflein hineinsetzen, um drei recht dicke Zucchinipuffer gleichzeitig auszubacken. Jeweils etwa 5 Minuten von beiden Seiten backen, bis sie schön goldbraun sind.

(F) Die Zucchinipuffer auf Backpapier legen und einfrieren.

(D) Auf einem Backblech bei Raumtemperatur 2 Stunden auftauen lassen.

(R) Den Backofen auf 160 °C vorheizen und das Backblech mit den Zucchinipuffern für etwa 10–15 Minuten in den Backofen schieben, bis die Puffer heiß sind.

(S) Die Zucchinipuffer auf Teller verteilen und jeweils mit einer Scheibe Lachs, einem Klecks Crème fraîche, ein paar Zwiebelscheiben, Kapern und Schnittlauchröllchen sowie Zitronenspalten servieren.

# Lauchtörtchen mit Stilton

400 g selbst gemachter salziger Mürbeteig (siehe Seite 28) oder eine 375-g-Packung fertig ausgerollter Mürbeteig
25 g Butter
3 mittelgroße Lauchstangen, geputzt und fein gehackt
2 Eier und 1 Eigelb
250 g süße Sahne
Salz, Pfeffer aus der Mühle
150 g Stilton, zerkrümelt

**Zum Servieren**
Grüner Salat

**Diese Lauchtörtchen sind als Vorspeise gedacht, aber die Wahl der Größe bleibt natürlich jedem selbst überlassen. Es gibt viele Variationsmöglichkeiten: So kann man statt Lauch beispielsweise auch Schinken und Erbsen, gedünstete Zwiebeln oder Brokkoli wählen.**

Ergibt 6 Törtchen

Sie benötigen dafür sechs Tartelette-Formen mit herausnehmbaren Böden (Durchmesser 11–12,5 cm) und Backbohnen.

Den Teig auf einer bemehlten Arbeitsfläche dünn ausrollen. Sechs Kreise ausstechen und damit sechs Tartelette-Förmchen auslegen. Den Teigboden mit einer Gabel einstechen. Aus Backpapier Kreise ausschneiden, die in die Förmchen hineinpassen und diese mit Backbohnen beschweren. Die Tartelettes auf ein Backblech stellen und 5 Minuten blind backen, danach Bohnen und Papier entfernen und weitere 5 Minuten im Backofen trocknen lassen.

In der Zwischenzeit die Butter in einem Topf zerlassen und den Lauch darin etwa 10 Minuten weich dünsten. Häufig umrühren. In einer Schüssel Eier und Sahne verrühren und mit Salz und Pfeffer würzen.

Die Tartelettes aus dem Backofen nehmen, mit dem Lauch füllen und den Käse darüberstreuen. Die Eiermischung darübergießen. Die Törtchen 15–20 Minuten im Backofen backen, bis sie aufgegangen und goldbraun sind. Aus dem Backofen nehmen und abkühlen lassen.

(F) Die abgekühlten Törtchen aus den Formen nehmen und auf einem Tablett einfrieren. Anschließend in Folie wickeln oder in ein Gefriergefäß geben, abdecken, etikettieren und einfrieren.

(R) Die tiefgefrorenen Törtchen auf einem Backblech 15–20 Minuten im Backofen bei 180 °C erhitzen. Eventuell mit Alufolie abdecken, falls sie zu braun werden. Mit grünem Salat servieren.

Statt kleiner Förmchen kann man auch eine 2,5 cm tiefe Tarte-Form mit einem Durchmesser von 24 cm wählen, die allerdings 30 Minuten gebacken werden sollte. Beim Aufwärmen mit Folie abdecken und 45–55 Minuten im 180 °C heißen Backofen backen.

# Garnelenpäckchen mit Tamarinde

2 TL Öl
1 Zwiebel, fein gehackt
1 Knoblauchzehe, zerdrückt
1 daumengroßes Stück Ingwer, geschält und fein gehackt
1/2 große rote Chilischote, entkernt und fein gehackt
2 EL Tamarindenfruchtfleisch
14 Kirschtomaten, halbiert
Saft einer 1/2 Limette
Salz
1 TL Fischsauce
2 EL frischer Koriander, fein gehackt
220 g rohe, geschälte Riesengarnelen, in 1 1/2 cm große Stücke zerteilt
270 g Filoteig (6 Blätter), aufgetaut
75 g Butter, zerlassen, plus 50 g Butter zum Einpinseln nach dem Auftauen

**Zum Servieren**
Salatblätter und Mango-Chutney

**Die Garnelenpäckchen schmecken sowohl als Vorspeise als auch, etwas kleiner, als Fingerfood. Am besten frisch aus dem Backofen mit ein paar Salatblättern und etwas Mango-Chutney zum Dippen servieren.**

Ergibt 12 Päckchen (für 6 Personen als Vorspeise)

Das Öl in einem Topf erhitzen und die Zwiebeln etwa 10 Minuten glasig anschwitzen. Knoblauch, Ingwer und Chili zugeben und 2–3 Minuten mitdünsten. Tomaten, Tamarindenfruchtfleisch, Limettensaft und eine Prise Salz zugeben und 10 Minuten garen, bis die Tomaten weich sind. Die Fischsauce unterrühren, den Topf vom Herd nehmen und abkühlen lassen.

Erst wenn die Mischung vollständig abgekühlt ist, Garnelen und Koriander unterrühren.

Die Filoteigblätter auf einer sauberen Arbeitsfläche ausbreiten und mit einem feuchten Geschirrtuch abdecken. Ein Filoteigblatt entnehmen und mit zerlassener Butter bestreichen. Von der langen Seite her zur Mitte einschlagen und erneut mit Butter bestreichen. Von der anderen Seite her zur Mitte einschlagen, damit ein dreilagiger Streifen entsteht, und erneut mit Butter bestreichen. Den Streifen halbieren, sodass zwei etwa 20 cm lange und 8 cm breite Stücke entstehen.

Jeweils 2 Teelöffel Füllung auf ein Streifenende geben und dabei einen 2 cm breiten Rand frei lassen. Die rechte Ecke diagonal nach links über die Füllung einschlagen, sodass ein dreieckiges Päckchen entsteht. An der Oberkante des Dreiecks erneut einschlagen und in der gleichen Richtung weiter einschlagen, bis das Streifenende erreicht ist. Das Päckchen auf ein mit Backpapier ausgelegtes Backblech setzen und mit den restlichen Teigblättern fortfahren, bis Sie zwölf Päckchen haben.

**(F)** Die ungebackenen Päckchen einzeln einfrieren. Anschließend in einen Gefrierbehälter geben, abdecken, etikettieren und einfrieren.

**(A)** Die tiefgefrorenen Päckchen mit zerlassener Butter bestreichen und im 190 °C heißen Backofen etwa 25 Minuten goldbraun backen. Mit Salatblättern servieren und dazu Mango-Chutney (mit etwas heißem Wasser anrühren) reichen.

# Asiatische Fleischspieße

700 g Rinderfilet, in 7 cm lange Streifen geschnitten
Pflanzenöl zum Bestreichen

**Für die würzige Marinade**
1 Stück frischer Ingwer (2,5 cm), geschält und fein gehackt
1 große Knoblauchzehe, fein gehackt
1 rote Chilischote, entkernt und fein gehackt
1 Zitronengrasstängel, sehr fein gehackt
2 EL Sojasauce
1 1/2 EL Fischsauce
2 TL Sesamöl

**Zum Servieren**
Asiatischer Salat aus Gurkenstreifen, Frühlingszwiebeln und Koriander
Süße Chilisauce zum Dippen

**Zum Marinieren eignet sich auch die thailändische grüne Currypaste (siehe Seite 37), wenn man sie mit etwas Kokosmilch anrührt.**

Ergibt 12 Spieße (für 6 Personen als Vorspeise), Sie benötigen dafür 12 Holz- oder Metallspieße.

Die Zutaten für die Marinade in eine Schüssel geben und miteinander verrühren. Die Filetstreifen hineingeben und untermischen, bis sie vollständig von der Marinade überzogen sind. Zugedeckt 1 Stunde im Kühlschrank marinieren. Die Filetstreifen entnehmen und auf Spieße stecken.

(F) Einen Gefrierbeutel flach auf einen Teller legen und die Spieße nebeneinander hineinlegen. Einfrieren, dann den Teller entfernen und den Beutel verschließen.

(A) Über Nacht vollständig auftauen lassen.

(S) Eine große Grillpfanne auf hoher Temperatur erhitzen. Die Spieße mit etwas Pflanzenöl bestreichen und 4–5 Minuten in der Pfanne braten. Gelegentlich wenden und mit einem Pfannenwender flach drücken.

# Würzige Lamm-Kebabs

500 g Lammhackfleisch
1 TL gemahlener Kreuzkümmel
1/2 TL gemahlener Koriander
1/2 TL Chilipulver
1/2 TL getrockneter Oregano
1 TL frische Thymianblätter
Salz, Pfeffer aus der Mühle

**Zum Servieren**
6 kleine Fladenbrote
250 g Naturjoghurt
1/2 Salatgurke, längs geteilt, entkernt und gerieben
1 kleine Knoblauchzehe, zerdrückt
Kerne eines Granatapfels
1/2 rote Zwiebel, in feine Scheiben geschnitten
1 Handvoll Minzeblätter, fein gehackt
Limettenviertel

**Wer will, kann die Spieße auf einem Holzkohlegrill grillen.**

Für 6 Personen

Sämtliche Zutaten für die Kebabs mit 1 Teelöffel Salz und etwas Pfeffer vermischen, in sechs gleich große Portionen aufteilen und um die Spieße herum zu länglichen Würsten formen.

(F) Einen Gefrierbeutel flach auf einen Teller legen und die Spieße nebeneinander hineinlegen. Einfrieren, dann den Teller entfernen und den Beutel verschließen.

(A) 4–5 Stunden im Kühlschrank auftauen lassen.

(E) Die Kebabs 10 Minuten goldbraun grillen, dabei häufig wenden. Gleichzeitig die Fladenbrote aufbacken. Joghurt, Gurke, Knoblauch und etwas Salz und Pfeffer miteinander vermischen. Die Kebabs mit dem warmen Brot, der Joghurtsauce, roten Zwiebelringen, Minzeblättern, Granatapfelkernen und Limettenvierteln servieren.

# Hauptgerichte direkt aus dem Tiefkühlfach

Es gibt heutzutage in den Supermärkten eine reiche Auswahl an tiefgefrorenem Fleisch, Geflügel und Fisch, aus denen sich in null Komma nichts ein Gericht zaubern lässt. Da sie ohne weitere Zutaten in kleinen Stücken schockgefroren sind, ist ihre Verwendung ein Kinderspiel – sie müssen nur etwas länger gegart werden als frische Produkte.

Wer will, kann natürlich auch selbst Fleisch portionsweise einfrieren – vieles lässt sich ohne Auftauen direkt aus dem Tiefkühlfach verwenden. Das Gute daran ist, dass man dann beim Einkauf stets die beste Qualität wählen kann. Wichtig ist, Fleischstücke immer einzeln nebeneinander einzufrieren, denn zusammengefrorene Klumpen lassen sich nur schwer gleichmäßig durchgaren. Fleisch und Fisch stets gut einwickeln, um Gefrierbrand zu vermeiden. Am besten bitten Sie Ihren Metzger, das Fleisch direkt in den gewünschten Portionen vakuumzuverpacken.

Für die folgenden Rezepte werden Fleisch oder Fisch immer direkt tiefgefroren verwendet – man kann natürlich auch frisches Fleisch oder frischen Fisch wählen und sollte dann nur die Garzeit ein wenig reduzieren. Sämtliche Gerichte lassen sich nach dem Kochen einfrieren. Anschließend einfach über Nacht im Kühlschrank auftauen lassen und erneut erhitzen.

# Butternusskürbiscurry mit Kokosnuss und Hähnchen

1 EL Sesamöl
3 Würfel tiefgefrorene thailändische grüne Currypaste (siehe Seite 37) oder 2 EL frische Currypaste aus dem Glas
1/2 TL gemahlener Koriander
1/2 TL Kurkuma
400 g tiefgefrorenes, gewürfeltes Hähnchenfleisch (oder frisches Hähnchenfleisch)
400 ml Kokosmilch
300 g tiefgefrorener oder frischer Butternusskürbis, in Würfel geschnitten
2 reife Tomaten, klein gehackt, oder 1 Handvoll Kirschtomaten
1 Dose (250 g) Bambussprossen, abgespült und abgetropft (nach Belieben)
2 EL Fischsauce
etwas frischer Limetten- oder Zitronensaft

**Zum Servieren**
Basmatireis
1 EL frischer Koriander, fein gehackt (nach Belieben)

**Ein besonders schnell gekochtes Gericht, da man dafür tiefgefrorenes Hähnchenfleisch und tiefgefrorenen Kürbis verwenden kann. Das Hähnchenfleisch sollte bereits in gleich große, mundgerechte Würfel geschnitten sein, damit es beim Kochen gleichmäßig gart. Als Variation einfach mal tiefgefrorene Garnelen anstelle des Hähnchenfleischs verwenden. Reste können tiefgefroren und zu einem anderen Zeitpunkt wieder aufgetaut und erwärmt werden.**

Für 2–3 Personen

Das Sesamöl in einem Topf erhitzen und die Currypaste braten, bis sie ganz aufgetaut ist (oder Currypaste aus dem Glas 1 Minute braten). Gemahlenen Koriander und Kurkuma zugeben und bei mittlerer Temperatur 1–2 Minuten rösten. Die tiefgefrorenen Hähnchenfleischwürfel zugeben, eine halbe Dose Kokosmilch darübergießen, alles aufkochen lassen und dann bei mittlerer Temperatur 10 Minuten köcheln lassen.

Butternusskürbis, Tomaten und die restliche Kokosmilch zugeben und erneut aufkochen. Die Hitze reduzieren und 10–15 Minuten köcheln lassen, bis der Kürbis weich ist und das Fleisch durch und durch gar. Wer will, kann 5 Minuten vor Ende der Garzeit eine Dose Bambussprossen zugeben. Fischsauce und etwas Zitronen- oder Limettensaft unterrühren und mit Koriander bestreut servieren. Dazu Basmatireis reichen.

(F) Das Curry vor dem Einfrieren vollständig abkühlen lassen.
(A) Über Nacht im Kühlschrank auftauen lassen.
(E) In einem Topf erhitzen, bis das Curry durch und durch heiß ist.

# Portugiesischer Meeresfrüchteeintopf

1 EL Olivenöl
1 rote Zwiebel, in Spalten geschnitten, oder 3 Handvoll tiefgefrorene, gehackte Zwiebeln
2 Paprikaschoten, entkernt und in Stücke geschnitten (oder tiefgefrorene Paprikastreifen zusammen mit den passierten Tomaten zugeben)
400 g neue Kartoffeln, in kleine Würfel geschnitten
1–2 Messerspitzen getrocknete Chilischoten, zerstoßen
2 Lorbeerblätter
1 Schuss Weißwein
1 Packung (340 g) pürierte Tomaten mit Knoblauch und Zwiebeln
1/2 l Hühner- oder Gemüsebrühe
400 g tiefgefrorene gemischte Meeresfrüchte (roher Tintenfisch, Garnelen, Muscheln und Jakobsmuscheln) oder 400 g frische gemischte Meeresfrüchte
1 Handvoll fein gehackte Petersilie (nach Belieben)

**Zum Servieren**
Knoblauchbrot oder Salat

**Dieses Rezept basiert auf der traditionellen portugiesischen Cataplana und ist bei Verwendung von tiefgefrorenen Meeresfrüchten ein herrlich schnell gekochtes Abendessen. Einfach etwas Knoblauchbrot oder gemischten Salat dazu reichen.**

Für 4 Personen

Das Olivenöl in einem Wok oder einem großen Topf erhitzen und die Zwiebeln und die Paprikaschoten bei mittlerer Hitze 5 Minuten schwenken. Kartoffeln zugeben und weitere 7 Minuten mitbraten. Chili, Lorbeerblätter und Wein unterrühren, anschließend passierte Tomaten und Brühe zugeben, unterrühren und aufkochen lassen. Bei reduzierter Hitze 15 Minuten köcheln lassen.

Die tiefgefrorenen Meeresfrüchte zugeben und 8–10 Minuten garen, bis die Kartoffeln weich und die Meeresfrüchte gar und heiß sind. Nach Belieben Petersilie unterrühren und servieren.

# Fischtöpfchen

375 g ausgerollter Blätterteig aus dem Kühlregal
Milch zum Bestreichen
2 Eier
1 nussgroßes Stück Butter
1 Schuss Öl
1 Zwiebel, fein gehackt, oder 3 gute Handvoll tiefgefrorene, fein gehackte Zwiebeln
6 Champignons, geviertelt
2 Gläser Käsesauce (à 350 g) oder 1 Portion Käsesauce (siehe Seite 22)
1 1/2 TL Dijon-Senf
Pfeffer aus der Mühle
800 g tiefgekühlte, gemischte Fischwürfel oder 400 g frischer geräucherter und 400 g nicht geräucherter Fisch, in Würfel geschnitten
200 g tiefgekühlte, rohe Riesengarnelen
2 TL Minikapern (nach Belieben)
2 gehäufte EL Petersilie, fein gehackt

**Ich liebe diese mit Teig überbackenen kleinen Fischtöpfchen, aber ich habe nie genug passende, feuerfeste Förmchen, um sie selbst zu machen. Daher habe ich gemogelt. Einfach hübsche Förmchen oder Schälchen wählen, in denen man Speisen erwärmen kann. Morgens Teig und Käsesauce aus dem Tiefkühlfach nehmen, den tiefgefrorenen Fisch und die Garnelen kochen, und im Handumdrehen ist eine wunderbare Fischpastete zubereitet. Falls es keine tiefgefrorene, gewürfelte Fischmischung zu kaufen gibt, kann man sie mit verschiedenen tiefgefrorenen Fischsorten und Garnelen einfach selbst herstellen.**

Für 4–6 Personen, je nach Größe der Förmchen

Den Backofen auf 220 °C vorheizen. Den Teig ausrollen und vier bis sechs Kreise ausstechen, die den gewählten Förmchen oder Schalen entsprechen. Ein Backblech einfetten oder mit Backpapier auslegen. Die Teigstücke darauflegen, kreuzförmig einschneiden, mit Milch bestreichen, 12–15 Minuten im Backofen backen und anschließend warm halten.

In der Zwischenzeit die Eier 6–8 Minuten hart kochen und die Sauce herstellen. Butter und Öl in einem Topf erhitzen und die Zwiebeln 3–4 Minuten glasig anschwitzen. Pilze zufügen und weitere 2–3 Minuten garen. Käsesauce, Senf und etwas Pfeffer zufügen, köcheln lassen und dann den tiefgefrorenen Fisch und die Garnelen untermischen. Etwa 10 Minuten sanft köcheln lassen und dabei immer wieder vorsichtig umrühren.

Die Eier kalt abschrecken, schälen und in Stücke schneiden. Unter den Fisch mischen und – falls gewünscht – Kapern und Petersilie zugeben. Sobald der Fisch heiß und gar ist, die Mischung auf die Schalen oder Förmchen verteilen und mit einem Teigdeckel abdecken.

# Nudelsuppe mit Garnelen

- 2 EL geschmacksneutrales Öl, z. B. Erdnuss- oder Sonnenblumenöl
- 2 Würfel tiefgefrorene thailändische grüne Currypaste (siehe Seite 37) oder 1 gehäufter EL aus einem Glas
- 5 braune Champignons oder Shiitakepilze, geviertelt
- 400 ml Hühnerbrühe
- 150 g tiefgefrorene, rohe Garnelen (auf dem Beutel sollte „vor dem Kochen nicht auftauen“ stehen)
- 2 Handvoll gebratenes Gemüse, z. B. Minimaiskolben, Zuckerschoten, Paprika oder eine tiefgefrorene, vorgebratene Gemüsemischung)
- 1 EL Fischsauce
- Saft von 1 Limette
- 175 g Instantreisnudeln
- 2 Frühlingszwiebeln, geputzt und in Scheiben geschnitten

**Die Suppe ist absolut unschlagbar, wenn Sie gerade auf dem Gesundheitstrip sind oder einfach mal Lust auf leichte Kost haben. Aromatisch und reich an knackigem Gemüse. Kaufen Sie am besten getrocknete Nudeln, die man nur kurz nach den Angaben auf der Packung erhitzen muss.**

Für 2 Personen

Das Öl in einem Topf erhitzen und die Currypaste braten, bis sie vollständig aufgetaut ist (frische Currypaste 1 Minute braten). Pilze zugeben und 2 Minuten mitbraten. Hühnerbrühe zugießen, köcheln lassen und dann die Garnelen zugeben. Wenn die Suppe wieder köchelt auch das Gemüse zugeben und alles 3–5 Minuten köcheln lassen, bis die Garnelen gar und durch und durch heiß sind. Fischsauce und Limettensaft unterrühren.

Die Nudeln nach den Angaben auf der Packung erhitzen und auf zwei Schalen aufteilen. Die Suppe mit einer Schöpfkelle darübergeben und mit den Frühlingszwiebeln bestreuen.

# Schweinekoteletts mit Senf, Äpfeln und Apfelwein

1 EL Olivenöl
2 kleine Stückchen Butter
4 tiefgefrorene (oder nach Wunsch auch frische) Schweinekoteletts à 200 g
1 kleine Zwiebel, fein gehackt, oder 2 Handvoll tiefgefrorene, gehackte Zwiebeln
250 g tiefgefrorene Apfelscheiben oder 250 g geschälte und in Scheiben geschnittene frische Kochäpfel
2 Knoblauchzehen, fein gehackt
8 Salbeiblätter
250 ml Apfelwein
1 1/2 gehäufte EL körniger Senf
250 ml Hühnerbrühe
2 EL Crème double (nach Belieben)

**Zum Servieren**
Folienkartoffeln

**In einem Schmorgericht kann man anstelle frischer Koteletts genauso gut tiefgefrorene verwenden, da das Fleisch durch die Apfel-Senf-Sauce schön zart wird und nicht austrocknet. Reste lassen sich wunderbar einfrieren und bei anderer Gelegenheit wieder auftauen und erwärmen.**

Für 4 Personen

Den Backofen auf 160 °C vorheizen. In einer Pfanne Öl und ein Stückchen Butter erhitzen und die tiefgefrorenen Koteletts kräftig anbraten, bis sie von beiden Seiten schön braun sind (auf jeder Seite etwa 5 Minuten). Würzen und in einen Bräter geben.

Das zweite Stückchen Butter in der Pfanne zerlassen und die Zwiebeln unter ständigem Rühren 5 Minuten glasig anschwitzen. Apfelscheiben, Knoblauch und Salbei zugeben und unter ständigem Rühren weitere 2–3 Minuten garen. Anschließend ebenfalls in den Bräter geben.

Den Apfelwein in die Pfanne gießen, aufkochen lassen und den Bratensatz vom Pfannenboden lösen. Den Senf unterrühren und mit der Brühe über Fleisch und Äpfel in den Bräter gießen. Den Bräter zugedeckt für 1 1/2 Stunden in den Backofen schieben.

Die Schweinekoteletts herausnehmen und warm halten. Den Bräter bei Mittelhitze auf den Herd stellen und die Sauce 5 Minuten einkochen lassen. Sahne (falls gewünscht) unterrühren, abschmecken und mit den Koteletts und Folienkartoffeln servieren.

# Spargel-Erbsen-Risotto

- 1 nussgroßes Stück Butter plus 25 g Butter zum Unterrühren
- 2 TL Olivenöl
- 1/2 Zwiebel, fein gehackt, oder 2 Handvoll tiefgefrorene, gehackte Zwiebeln
- 4 Champignons, geviertelt (nach Belieben)
- 1 Knoblauchzehe, fein gehackt
- 200 g Carnaroli-Reis (oder eine andere Risotto-Reissorte)
- 1 Schuss Weißwein (nach Belieben)
- 600–750 ml heiße Gemüsebrühe
- 100 g tiefgefrorene Erbsen
- 150 g tiefgefrorener oder frischer grüner Spargel, Stangen in der Mitte geteilt
- Salz, Pfeffer aus der Mühle
- 2 EL Parmesan, gerieben

**Risotto ist ein wunderbares Essen für den Alltag, da man dafür verwenden kann, was man gerade im Kühlschrank (bzw. Tiefkühlfach) hat. Hier ein farbenfrohes und gesundes vegetarisches Rezept, doch wer will, kann natürlich Hähnchenfleisch oder Garnelen untermischen. Der grüne Spargel lässt sich durch feine Böhnchen ersetzen.**

Für 2–3 Personen

Das nussgroße Stück Butter und das Öl in einer tiefen Pfanne oder in einem Schmortopf erhitzen und die Zwiebeln unter ständigem Rühren 3–4 Minuten glasig anschwitzen. Anschließend Pilze und Knoblauch zugeben und ebenfalls 1–2 Minuten anbraten. Den Reis zugeben und wenden, bis er von Fett überzogen ist und glänzt. Den Wein dazugießen und alles gründlich durchrühren. Nach 1 Minute die erste Schöpfkelle heißen Fond angießen. Rühren und warten, bis die Flüssigkeit verkocht ist, dann die nächste Schöpfkelle Brühe hinzufügen.

Wenn nur noch 200 ml Brühe übrig sind, den Reis kosten. Sollte er noch zu hart sein, die restliche Brühe zugeben und noch etwas länger köcheln lassen. Mit der letzten Schöpfkelle Brühe auch den Spargel und die Erbsen zugeben. Das Gemüse ein paar Minuten mitköcheln lassen und anschließend den Topf vom Herd nehmen. Der Risotto sollte weich und cremig sein, weder zu flüssig noch zu trocken (eventuell noch etwas Brühe zugeben). Mit Salz und Pfeffer würzen und Parmesan und Butter unterrühren. Den Risotto 5 Minuten ruhen lassen und dann in tiefen Tellern anrichten.

# Gebackene Würstchen mit Puy-Linsen

- 12 tiefgefrorene oder frische Würstchen
- 2 rote Paprikaschoten, in dicke Streifen geschnitten
- 2 rote Zwiebeln, abgezogen und in Spalten geschnitten
- 2 EL Olivenöl

**Für dieses Rezept sollte man qualitativ hochwertige, würzige Bratwürstchen vom Metzger wählen und nicht die einfachen Würstchen, die man tiefgefroren im Beutel kaufen kann. Entweder bitten Sie Ihren Metzger, sie nebeneinander zu verpacken, oder Sie frieren sie einzeln ein und tauen Sie nach Belieben auf. Bei der Verwendung von frischen Würstchen verkürzt sich die Backzeit zu Beginn des Rezepts etwas.**

1 l heiße Rinderbrühe
1 EL Dijon-Senf
1 TL Senfpulver
1 1/2 EL Tomatenmark
2 Knoblauchzehen, zerdrückt
Pfeffer aus der Mühle
200 g Puy-Linsen
2 Rosmarinzweige
2 Lorbeerblätter

Für 4–6 Personen

Den Backofen auf 180 °C vorheizen.

Die Würstchen in einen mittelgroßen Bräter legen und 35 Minuten im Backofen backen, bis sie hellbraun sind (frische Würstchen brauchen nicht so lange). Den Bräter aus dem Backofen nehmen, Paprika, Zwiebeln und Öl zugeben und untermischen. Den Bräter für weitere 10 Minuten zurück in den Backofen schieben.

In einem Messbecher Brühe, Senf, Senfpulver, Tomatenmark, Knoblauch und etwas Pfeffer vermischen. Die Linsen über die Würstchen geben, Rosmarin und Lorbeerblätter zugeben und die Brühe darübergießen. 35–40 Minuten ohne Deckel im Backofen backen. Nach der Hälfte der Garzeit Würstchen und Linsen einmal wenden.

# Bohneneintopf mit Schweinefleisch

**Noch ein Gericht, mit dem man trotz minimalen Zeitaufwands garantiert Eindruck schinden kann. Das tiefgefrorene Schweinefleisch muss gewürfelt sein, da es sonst nicht gleichmäßig gart, daher entweder „küchenfertige" Tiefkühlkost kaufen oder das Fleisch selbst gewürfelt auf einem Tablett einfrieren und dann in Beutel umpacken. Man kann natürlich für dieses Gericht auch frisches Schweinefleisch verwenden. Reste lassen sich gut einfrieren und zu einem anderen Zeitpunkt auftauen und aufwärmen.**

Für 4 Personen

1 EL Pflanzenöl
1 große Zwiebel, fein gehackt
450 g tiefgefrorene Schweinshaxe, gewürfelt, oder frisches Schweinefleisch, in mundgerechte Stücke geschnitten
1 Stück frischer Ingwer (4 cm), geschält und fein gehackt
1 große Knoblauchzehe, fein gehackt
3 Möhren, geschält und in kleine Würfel geschnitten
1 mittelgroßer Kochapfel, geschält, entkernt und das Fruchtfleisch in Scheiben geschnitten
100 ml Weißwein
1 EL Worcestershiresauce
3 EL flüssiger Honig
1 EL Sojasauce
Salz, Pfeffer aus der Mühle
300 ml Gemüsebrühe
6 Champignons, in Scheiben geschnitten
1 Dose (400 g) Flageoletbohnen, abgetropft und abgespült
1 große Zucchini, in Scheiben geschnitten

Den Backofen auf 150 °C vorheizen. In einem Schmortopf das Öl erhitzen und die Zwiebeln etwa 5 Minuten glasig anschwitzen. Das Schweinefleisch zugeben und bei mittlerer Hitze und unter ständigem Rühren 5 Minuten anbraten. Dann Ingwer, Knoblauch, Möhren und Apfelscheiben zugeben und weitere 5 Minuten schmoren. Wein, Worcerstershiresauce, Honig, Sojasauce und Brühe zugießen und unterrühren. Mit Salz und Pfeffer würzen, aufkochen lassen und zugedeckt 1 Stunde im Backofen garen.

Den Topf aus dem Backofen nehmen und Pilze, Bohnen und Zucchini untermischen. Zugedeckt weitere 30 Minuten im Backofen schmoren lassen, bis das Fleisch zart ist. Erneut abschmecken und servieren.

# Gerösteter Schweinebauch mit knusprigem Fenchel und Schalotten

1 tiefgefrorenes, entbeintes 1,8-1,9 kg schweres Stück Schweinebauch (etwa 2,3 kg mit Knochen), die Fettseite der Länge nach eingeritzt
3 gehäufte TL Meersalzflocken
1 TL Fenchelsamen
abgeriebene Schale von 1 unbehandelten Zitrone
Pfeffer aus der Mühle
350 ml trockener Apfelwein plus 1 Schuss Apfelwein für die Sauce
1 Fenchelknolle, geputzt, Strunk entfernt und in Spalten geschnitten
5 Möhren, je nach Dicke entweder längs geteilt oder längs geviertelt
12 Schalotten, abgezogen
3 Knoblauchknollen, nicht abgezogen, aber mit der flachen Messerseite zerdrückt

**Für die Sauce**
200–300 ml Hühnerbrühe
2 TL flüssiger Honig
1 TL Sojasauce

**Zum Servieren**
Gedünsteter Kohl
Kartoffelbrei
Apfelmus (siehe Seite 18)

**Langsam gerösteter Schweinebauch hat ein wunderbar zartes Fleisch und gleichzeitig eine knusprige Kruste. Er lässt sich einfach direkt aus dem Tiefkühlfach zubereiten. Wer frisches Fleisch verwendet, trägt die Zitronenmischung auf, bevor er den Braten in den Backofen schiebt – man spart sich das Wenden und das Anbraten bei hoher Temperatur.**

Für 4–6 Personen

Den Backofen auf 230 °C vorheizen.

Den tiefgefrorenen Schweinebauch mit der eingeritzten Fettseite nach unten auf einen Rost in einen großen Bräter legen und 25 Minuten auf der obersten Schiene im Backofen rösten.

In der Zwischenzeit im Mörser die Hälfte der Meersalzflocken mit den Fenchelsamen, der Zitronenschale und etwas Pfeffer zerstoßen. Den Braten aus dem Backofen nehmen und das Fleisch mit der Zitronenmischung einreiben. Mit einer Gabel oder einer Zange den Braten vorsichtig wenden, das Salz auf die Fettseite streuen und mit der Unterseite eines Löffels in die Ritzen einreiben. Die Temperatur auf 150 °C reduzieren, den Apfelwein in den Bräter gießen (nicht über das Fleisch, sonst wird es nicht knusprig) und das Ganze auf der mittleren Schiene 1 Stunde im Backofen backen.

Den Bräter aus dem Backofen nehmen und Fenchel, Möhren, Schalotten und Knoblauch in den Bräter unter das Fleisch geben. Mit 200 ml Hühnerbrühe aufgießen (erneut nicht über das Fleisch gießen) und weitere 1 3/4 Stunden im Backofen backen, bis das Gemüse gar ist. Ab und zu prüfen, ob noch genügend Flüssigkeit im Bräter ist und gegebenenfalls Brühe nachfüllen, falls das Gemüse zu trocken wird.

Den Bräter aus dem Backofen nehmen und die Temperatur erneut auf 230 °C erhöhen. Den Rost mit dem Schweinebauch aus dem Bräter nehmen, auf ein Backblech stellen und noch einmal 20–30 Minuten im Backofen backen, bis die Kruste aufplatzt und wirklich knusprig ist.

# Hauptgerichte, schnell aufgewärmt

# Beef Wellington

1 Schuss Olivenöl
900 g Rinderfilet, aus der Mitte geschnitten, damit es gleichmäßig etwa 10 cm dick ist
250 g braune Champignons, sehr fein gehackt
1 große Knoblauchzehe, fein gehackt
1 EL Madeira
Salz, Pfeffer aus der Mühle
500 g Blätterteig
Mehl zum Bestäuben
6 Scheiben Parmaschinken
1/2 TL Senfpulver
1 Ei, leicht verquirlt zum Bestreichen

**Zum Servieren**
Madeirasauce (siehe Seite 24)
Neue Kartoffeln, in Butter geschwenkt
Grüne Bohnen oder grüner Salat

**Ein ideales Hauptgericht für eine besondere Gelegenheit – schmeckt wunderbar mit der Madeirasauce auf Seite 24.**

Für 4–6 Personen

Etwas Öl in eine sehr heiße Bratpfanne geben und warten, bis das Öl raucht. Das Rinderfilet kurz hineingeben und von allen Seiten je 5–10 Sekunden anbraten. Das Fleisch auf einem Brett vollständig abkühlen lassen.

Die Pilze in die Pfanne geben und bei mittlerer Temperatur etwa 5 Minuten anbraten, dabei gelegentlich umrühren. Den Knoblauch 1 Minute lang mit unterrühren, anschließend den Madeira zugeben und mit Salz und Pfeffer würzen. So lange weitergaren, bis der Wein vollständig eingekocht ist. Die Pilze in eine Schüssel geben und abkühlen lassen.

Den Blätterteig aus dem Kühlschrank nehmen und auf einer mit Mehl bestäubten Arbeitsfläche 3–4 mm dick ausrollen. Den Teig so zurechtschneiden, dass man das Fleisch damit umwickeln kann. Die vier Schinkenstreifen nebeneinander so auf den Teig legen, dass sie sich berühren, und den größten Teil der Pilzmischung mit einem Löffel darauf verteilen und leicht andrücken. Das Fleisch mit dem Senfpulver bestreuen und damit einreiben. Anschließend das Filet mittig auf die Pilze legen, die restlichen Pilze darauf verteilen und die verbleibenden beiden Schinkenstreifen längs darüberlegen. Die Enden der unteren Schinkenstreifen vorsichtig hochklappen, um das Filet damit einzuwickeln. Die Teigränder mit dem verquirlten Ei bestreichen und den Teig über dem Fleisch zusammenschlagen. Die überlappenden Teigränder gut festdrücken und das eingewickelte Filet mit dieser Seite nach unten auf ein mit Backpapier ausgelegtes Backblech setzen und mit dem restlichen Ei streichen.

(F) Das Rinderfilet auf dem Backblech einfrieren, tiefgefroren in einen Gefrierbeutel packen und bis zum Gebrauch weiter einfrieren.

(A) 24 Stunden vor dem Verzehr im Kühlschrank auftauen lassen.

(E) Den Backofen auf 220 °C vorheizen. Das Rinderfilet aus dem Kühlschrank nehmen und auf ein mit Backpapier ausgelegtes Backblech legen. 20 Minuten bei Raumtemperatur ruhen lassen. Anschließend 30–35 Minuten im Backofen backen, bis der Teig goldbraun ist. Aus dem Backofen nehmen, 5–10 Minuten ruhen lassen und wie vorgeschlagen servieren.

# Lammtajine mit Pflaumen

1 TL Koriandersamen
1 TL Kreuzkümmelsamen
1/2 TL scharfes Paprikapulver
1/2 TL Zimtpulver
2 EL Olivenöl
2 Zwiebeln, abgezogen und in Spalten geteilt
800 g Lammnackenfilet, in mundgerechte Stücke geschnitten
4 Knoblauchzehen, zerdrückt
300 ml Lammbrühe
1 Dose (400 g) geschälte Tomaten
300 g Süßkartoffeln, geschält und in Würfel geschnitten
12 weiche entsteinte Backpflaumen
2 TL flüssiger Honig
einige Safranfäden, in 1 EL Wasser eingeweicht

**Zum Servieren**
Couscous mit Kräutern

**Ich liebe die Kombination von Obst, Fleisch und Gewürzen in reichlich Sauce zu einem gebutterten Couscous. Diese Tajine gleicht einem Eintopf mit einer gehaltvollen Sauce. Sie ist eine unserer Leibspeisen – sogar unser Baby mag diese Tajine in einer pürierten Version!**

Für 4 Personen

Koriander- und Kreuzkümmelsamen im Mörser zerstoßen und in einer Schüssel mit dem Paprika- und Zimtpulver und der Hälfte des Öls mischen. Die Fleischstücke hineingeben und unterrühren, bis sie vollständig von der Marinade überzogen sind.

Das restliche Öl in einem Schmortopf erhitzen und die Zwiebeln bei Mittelhitze so lange anschwitzen, bis sie weich und braun sind. Das Fleisch zugeben und bei größerer Hitze von allen Seiten anbräunen. Den Knoblauch zugeben und das Ganze weitere 2 Minuten unter ständigem Rühren garen, danach die Brühe und die Tomaten zugeben und alles zugedeckt eine Stunde lang sanft köcheln lassen.

Kartoffeln, Pflaumen, Honig und Safran zugeben und weitere 45 Minuten köcheln lassen, bis das Lammfleisch ganz zart ist.

(F) In einen Gefrierbehälter füllen, etikettieren und einfrieren.

(A) Über Nacht im Kühlschrank auftauen lassen.

(E) Die Tajine in einem Topf aufkochen und dann 15 Minuten sanft köcheln lassen, bis sie durch und durch heiß ist. Mit einem Kräutercouscous servieren.

# Kartoffelgratin

50 g Butter
2 Fenchelknollen, geputzt und in Scheiben geschnitten
2 große Lauchstangen, geputzt und in Scheiben geschnitten
1 kg Kartoffeln, geschält und in 3/4 cm dicke Scheiben geschnitten
2 Knoblauchzehen, zerdrückt
300 g süße Sahne
150 ml Milch
Salz, Pfeffer aus der Mühle
200 g Blauschimmelkäse (z. B. Stilton), zerkrümelt
ggf. Salz

**Ein wunderbares Rezept für Vegetarier und eine köstliche Beilage zu kalten Bratenresten!**

Für 6 Personen

In einem großen Topf langsam die Butter zerlassen und bei Mittelhitze Lauch und Fenchel unter ständigem Rühren 3–4 Minuten anbraten. Kartoffeln und Knoblauch zugeben und weitere 3 Minuten unter ständigem Rühren braten. Sahne und Milch zugeben und mit Pfeffer würzen. 20–25 Minuten sanft köcheln lassen und dabei immer mal wieder umrühren. Die Kartoffeln sollten danach halb gar sein. Die Hälfte des Käses darüberkrümeln, untermischen und alles in eine große Auflaufform füllen. Mit dem restlichen Käse bestreuen, ggf. salzen.

(F) Abkühlen lassen, mit Alufolie abdecken, etikettieren und einfrieren.

(A) Ohne aufzutauen direkt erhitzen. Den Backofen auf 150 °C vorheizen. Die mit der Alufolie abgedeckte Form in den Backofen schieben und 1 Stunde backen.

# Spanisches Hähnchen

2 EL Olivenöl
225 g gekochte Chorizo ohne Haut, klein geschnitten
1 kg Hähnchenfleisch ohne Haut und Knochen, in mundgerechte Stücke geschnitten
1/2 TL süßes Paprikapulver
1 Schuss Weißwein
150 g geröstete rote Paprika, in Streifen geschnitten
1/2 Menge (700–800 ml) vielseitige Tomatensauce (siehe Seite 33)
2 Zweige Rosmarin
Salz, Pfeffer aus der Mühle
3 EL entsteinte schwarze Oliven

**Ein schnelles Abendessen oder ein praktisches Tiefkühlgericht, wenn unerwartet Freunde vor der Tür stehen.**

Für 6–8 Personen

Das Öl in einer großen, tiefen Pfanne erhitzen und die Chorizo so lange braten, bis sie braun wird und das Fett austritt. Mit einem Schaumlöffel auf einen Teller geben und bei hoher Temperatur das Hähnchenfleisch in der Pfanne anbraten. Die Chorizo wieder in die Pfanne geben und das Paprikapulver untermischen. Wein zugießen, 2 Minuten köcheln lassen und dann Paprikastreifen, Tomatensauce und Rosmarin untermischen. Mit Salz und Pfeffer würzen und 15 Minuten köcheln lassen, bis das Fleisch gar ist. Am Ende die Oliven unterrühren.

(F) Die Mischung in Gefrierbehälter füllen, abdecken, etikettieren und einfrieren.

(A) Über Nacht im Kühlschrank auftauen lassen.

(R) In einem Topf langsam erwärmen und dabei gelegentlich umrühren.

# Spinatpfannkuchen mit Hähnchenfleisch und Taleggio

**Taleggio lässt sich durch Cheddar oder Gruyère ersetzen. Am besten gleich eine doppelte Portion Pfannkuchen (siehe Seite 30) herstellen und die Hälfte – entweder als Teig oder fertig ausgebacken – für später einfrieren.**

Ergibt 8 Pfannkuchen (für 4 Personen)

**Für die Sauce**
50 g Mehl
50 g Butter
500 ml Milch
200 g Taleggio, in 1–2 cm große Stücke geschnitten
Pfeffer aus der Mühle

**Für die Füllung**
1 nussgroßes Stück Butter
1 Schuss Öl
1 kleine Zwiebel, fein gehackt
800 g entbeinte und gehäutete Hähnchenschenkel, in kleine Würfel geschnitten
2 Knoblauchzehen, zerdrückt
350 g Champignons, halbiert und in dicke Scheiben geschnitten
2 gute Prisen Oregano
1 Schuss Weißwein
200 g tiefgefrorener Blattspinat, gegart und abgetropft
150 ml Hühnerbrühe
8 vorgebackene Pfannkuchen (siehe Seite 30)

Für die Sauce Mehl, Butter und Milch in einem Topf erhitzen und mit dem Schneebesen zu einer dicklichen Sauce aufschlagen. Den Topf vom Herd nehmen, die Hälfte des Taleggio und etwas Pfeffer zugeben. Mit einem Holzlöffel so lange rühren, bis der Käse geschmolzen ist, und dann die Sauce beiseitestellen.

Für die Füllung Butter und Öl in einer Pfanne erhitzen und die Zwiebeln etwa 5 Minuten lang sanft anschwitzen. Das Hähnchenfleisch zugeben und unter ständigem Rühren leicht anbraten. Knoblauch, Pilze und Oregano zugeben und 2 Minuten lang mitgaren lassen. Den Wein zugießen, etwa 1 Minute köcheln lassen und die Hälfte der Käsesauce, den Spinat und die Brühe zugeben. 2 Minuten köcheln lassen, abschmecken und dann vollständig abkühlen lassen.

Die Füllung auf die Pfannkuchen aufteilen und diese einrollen. Die gefüllten Pfannkuchen in eine Auflaufform legen, mit der restlichen Käsesauce übergießen und mit dem restlichen geriebenen Taleggio bestreuen.

(F) Mit Klarsichtfolie und Alufolie abdecken, etikettieren und einfrieren.

(A) Über Nacht im Kühlschrank auftauen lassen.

(E) Den Backofen auf 180 °C vorheizen. Die Auflaufform mit Alufolie abdecken und 40–50 Minuten im Backofen backen, bis die Pfannkuchen richtig heiß sind. Kurz unter dem Herdgrill bräunen und servieren.

# Hähnchenpastete

500 g frischer Blätterteig
Mehl zum Bestäuben
2 dicke Scheiben hochwertiger Kochschinken, in Streifen geschnitten
1 gehäufter EL frischer Estragon, fein gehackt
1/2 Menge Hähnchenfleisch mit Weißwein und Kräutern (siehe Seite 35)
1 Ei, leicht verquirlt

**Dank des aromatischen Gemüses und der reichhaltigen Kräutersauce ein richtiges Wohlfühlessen! Zur Vorbereitung dieses Gerichts gibt es zwei Möglichkeiten: Entweder nutzt man die tiefgefrorene Füllung von Seite 35, lässt sie auftauen, füllt damit die Pastete und bäckt sie sofort (sie lässt sich dann nicht mehr einfrieren), oder man bereitet die Füllung zu, lässt sie abkühlen, füllt damit die Pastete und friert diese ein, um sie zu einem späteren Zeitpunkt aufzutauen und zu backen.**

Für 4 Personen

Den Teig auf einer mit Mehl bestäubten Arbeitsfläche ausrollen und eine Pastetenform als Ausstecher benutzen, indem Sie mit dem Messer am Rand entlangschneiden. Für den Rand einen 2 cm breiten Streifen schneiden (er darf aus mehreren Teilen bestehen) und damit den Rand der Form auslegen. Die Teigränder befeuchten und gegen die Außenwand der Pastetenform drücken.

Schinkenstreifen, Estragon und die Hähnchenfüllung mischen und mit einem Löffel in die Form füllen. Die inneren Ränder der Teigstreifen befeuchten, den Teigdeckel auf die Füllung setzen und die Teigstreifen darauf festdrücken. Den Teigdeckel eventuell mit aus dem restlichen Teig ausgeschnittenen Formen dekorieren, mit dem verquirlten Ei bestreichen und einen kleinen Schlitz hineinschneiden, damit der Dampf entweichen kann. Die Pastete entweder einfrieren (falls die Füllung zuvor nicht eingefroren war) oder in den Kühlschrank stellen und innerhalb der nächsten 4 Stunden backen.

(F) Die Pastete mit Klarsichtfolie abdecken, etikettieren und einfrieren.

(A) Über Nacht im Kühlschrank auftauen lassen.

(E) 20 Minuten vor dem Backen die Pastete aus dem Kühlschrank nehmen. Den Backofen auf 190 °C vorheizen und die Pastete darin 30–35 Minuten goldbraun backen.

# Krabbenküchlein mit Avocado-Grapefruit-Salat

300 g Kartoffeln, geschält und in große Würfel geschnitten
150 g enthäutetes Kabeljau- oder Schellfischfilet
150 ml Vollmilch
2 Dosen (je 170 g) weißes Krabbenfleisch in Salzlake, abgetropft, oder 240 g frisches, weißes Krabbenfleisch
25 g Butter
4 Frühlingszwiebeln, geputzt und fein gehackt
1 große Knoblauchzehe, fein gehackt
1 gehäufter EL Mehl
2 Prisen Cayennepfeffer
Salz
2 EL frischer Koriander, fein gehackt
Schale und Saft von 1 unbehandelten Limette
5–6 EL Grieß
Pflanzenöl zum Frittieren

**Für den Avocado-Grapefruit-Salat**

1 Avocado, geschält, entsteint und in Scheiben geschnitten
1 Orange, filetiert
1 rosa Grapefruit, filetiert
2–3 Handvoll gemischter Salat
1–2 EL Olivenöl
Salz, Pfeffer aus der Mühle

**Der Fisch gibt diesen Krabbenküchlein etwas mehr Biss und Aroma. Es ist besser, statt zuvor tiefgefrorenes und dann aufgetautes Krabbenfleisch frisches Krabbenfleisch zu verwenden.**

Ergibt 12 kleine Krabbenküchlein (je 3 pro Person oder je 2 als Vorspeise)

Die Kartoffeln in Salzwasser gar kochen und dann abtropfen lassen.
In der Zwischenzeit den Fisch 5–8 Minuten bei Mittelhitze in der Milch pochieren. Mit einem Schaumlöffel aus der Milch heben und auf einen Teller geben. Die Milch in einem Messbecher beiseitestellen. Die Butter in einer Kasserolle zerlassen und Frühlingszwiebeln sowie Knoblauch 2 Minuten anschwitzen. Das Mehl untermischen und nach und nach die beiseitegestellte Milch unterrühren. Kurz aufkochen und 2 Minuten köcheln lassen. Die Kartoffeln zugeben und alles mit einem Kartoffelstampfer zu Brei stampfen. Fisch, Limettenschale und -saft untermischen, mit etwas Cayennepfeffer und Salz würzen und abkühlen lassen.
Das Krabbenfleisch untermischen und das Ganze etwa 1 Stunde in den Kühlschrank stellen. Anschließend die Hälfte des Grießes auf ein Küchenbrett streuen. Die Krabbenmischung mit nassen Händen zu zwölf Küchlein formen und diese auf den Grieß setzen. Mit dem restlichen Grieß bestreuen und vorsichtig auf ein mit Backpapier ausgelegtes Brett oder Backblech legen.

(F) Die Küchlein einzeln einfrieren.

(E) Die Küchlein 6–8 Minuten pro Seite in heißem Öl ausbacken. Die Salatblätter mit der Avocado und den Orangen- und Grapefruitfilets mischen, mit Öl beträufeln und mit Salz und Pfeffer würzen. Den Salat zu den Krabbenküchlein reichen.

# Auberginen-Linsen-Moussaka

**Meine Stiefmutter Wendy ist eine fabelhafte Köchin. Während eines Griechenlandurlaubs vor ein paar Jahren backte sie anlässlich des sechzigsten Geburtstags meines Vaters diese absolut göttliche vegetarische Moussaka.**

Für 4–6 Personen

5 EL Olivenöl
1 mittelgroße Aubergine, in 1 cm dicke Scheiben geschnitten
400 g Kartoffeln, geschält und in 1 cm dicke Scheiben geschnitten
75 g Cheddar, gerieben

**Für die Gemüse-Linsen-Sauce**
1 EL Olivenöl
1 mittelgroße Zwiebel, fein gehackt
1 große Zucchini, in kleine Würfel geschnitten
1 rote Paprikaschote, in kleine Würfel geschnitten
2 Knoblauchzehen, zerdrückt
1/2 TL Zimtpulver
1 1/2 TL Tomatenmark
1 Schuss Rotwein (nach Belieben)
700 ml (Glas) pürierte Tomaten mit Knoblauch und Kräutern
1 Dose (400 g) grüne Linsen, abgespült und abgetropft
1–2 Prisen Zucker
Salz, Pfeffer aus der Mühle

**Für die Ricottasauce**
300 ml Milch
50 g Butter
50 g Mehl
Salz, Pfeffer aus der Mühle
frisch geriebene Muskatnuss
250 g Ricotta

Die Auberginenscheiben nach und nach in dem Öl anbraten, bis sie weich und ein wenig braun sind. (Beginnen Sie mit 1 EL Öl, und geben Sie das restliche Öl nach und nach hinzu.)

In der Zwischenzeit das Öl in einem Schmortopf erhitzen und die Zwiebeln glasig anschwitzen. Zucchini und Paprika zugeben und etwa 5 Minuten mitbraten, dann den Knoblauch zugeben und weitere 2 Minuten braten, bis das Gemüse langsam weich wird. Zimt, Tomatenmark und danach den Rotwein (wenn gewünscht) unterrühren. Nach einer weiteren Minute die passierten Tomaten zugeben und 10 Minuten köcheln lassen. Zum Schluss die Linsen und den Zucker zugeben und kräftig würzen.

In der Zwischenzeit die Kartoffelscheiben etwa 3 Minuten in kochendem Salzwasser garen. Herausnehmen und etwas abkühlen lassen.
Für die Ricottasauce Mehl, Butter und Milch mit dem Schneebesen aufschlagen. Wenn die Sauce eindickt, mit Salz, Pfeffer und Muskat würzen, 5 Minuten abkühlen lassen und schließlich den Ricotta unterrühren.

Die Hälfte der Gemüse-Linsen-Sauce auf den Boden einer runden tiefen Auflaufform (mit einem Fassungsvermögen von etwa 3 Litern) geben, mit einer Schicht Kartoffelscheiben bedecken und darüber die Hälfte der Ricottasauce streichen. Mit einer Schicht aus der Hälfte der Auberginen bedecken und darauf die restliche Gemüse-Linsen-Sauce verteilen. Erneut mit einer Schicht Auberginen bedecken und darüber die restliche Ricottasauce streichen. Mit geriebenem Käse bestreuen.

(F) Mit Alufolie oder einem Deckel abdecken, etikettieren und einfrieren.

(A) Mindestens 24 Stunden im Kühlschrank und eventuell noch weiter bei Raumtemperatur auftauen lassen.

(E) Den Backofen auf 190 °C vorheizen und die Moussaka 45–55 Minuten backen, bis die Sauce blubbert.

# Sanft geröstete Lammschulter

2 tiefgefrorene Lammschultern (à 1,7 kg)
3 EL Olivenöl
Salz, Pfeffer aus der Mühle
6 große Möhren, geputzt und in 5 cm lange Stücke geschnitten
4 Stangen Staudensellerie, geputzt und in 5 cm lange Stücke geschnitten
2 große Zwiebeln, abgezogen und halbiert
2 Knoblauchknollen, quer halbiert
2 Anchovisfilets
3 Zweige Rosmarin
3 Lorbeerblätter
2 EL Tomatenmark
800 ml Hühnerbrühe
500 ml Weißwein

**Für die Sauce**
2 TL Johannisbeergelee
1 Schuss Sojasauce

**Zum Servieren**
geröstete Kartoffeln oder ein Kartoffelgratin mit Fenchel, Lauch und Blauschimmelkäse (siehe Seite 84)
grünes Gemüse nach Wahl

**Ja, man kann tiefgefrorenes Fleisch direkt braten. Wer aber lieber frisches Fleisch nimmt, sollte die Anbratzeit auf 25 Minuten reduzieren und das langsame Rösten auf 3 Stunden (statt 5 Stunden). Ich habe vorgeschlagen, gleich zwei Schultern zu braten, weil es nicht nur das Leben einfacher macht, sondern auch Energie spart. Auf diese Weise können Sie eine Lammschulter mit dem Kartoffelgratin von Seite 84 essen und aus der zweiten Schulter den Kartoffel-Lamm-Auflauf zubereiten (siehe gegenüberliegende Seite), der sich gut für eine andere Gelegenheit im Tiefkühlfach aufbewahren lässt. Wer will, kann das Rezept natürlich auch einfach halbieren.**

Für 4–6 Personen

1 Stunde vor dem Kochen das Lammfleisch aus dem Tiefkühlschrank nehmen und in einen großen Bräter legen. Den Backofen auf 220 °C vorheizen.

Die Lammschultern mit Öl beträufeln und mit Salz und Pfeffer würzen. 35 Minuten im Backofen backen und danach die Temperatur auf 150 °C reduzieren. Den Bräter aus dem Backofen nehmen, die Lammschultern anheben und Möhren, Sellerie, Zwiebeln, Knoblauch, Anchovis, Rosmarin und Lorbeerblätter darunter verteilen. Das Tomatenmark in die heiße Brühe einrühren und mit dem Wein über das Fleisch gießen. Mit Alufolie gut abdecken und 5 Stunden im Backofen backen.

Wer nur eine Lammschulter als Braten servieren will, schöpft die Hälfte des Bratensaftes ab und gibt ihn in einen Topf. Mit einem Löffel etwas Fett von der Oberseite abkratzen und ebenfalls in den Topf geben. Eine halbe Knoblauchknolle über den Topf ausdrücken. Johannisbeergelee und Sojasauce unterrühren und alles ein paar Minuten einkochen lassen. Durch ein Sieb gießen und als Sauce zu dem Lammbraten servieren. Dazu zum Beispiel das Kartoffelgratin (Rezept Seite 84) reichen oder geröstete Kartoffeln, ein paar Möhren und Zwiebeln aus dem Bräter und grünes Gemüse nach Wahl.

# Kartoffel-Lamm-Auflauf

1/2 Rezept langsam geröstete Lammschulter (siehe gegenüberliegende Seite)
1 kg Kartoffeln, geschält
200 ml Milch
40 g Butter
Salz, Pfeffer aus der Mühle
frisch geriebene Muskatnuss

**Die Lammschulter (siehe linke Seite) macht diesen Auflauf zu etwas ganz Besonderem. Als Variation das Kartoffelpüree mit zerstampftem Sellerie mischen. Anstelle des Lammfleischs lässt sich der Auflauf auch mit dem Hackfleisch von Seite 34 machen – das Fleisch einfach auftauen und der Rezeptanleitung folgen (allerdings darf das Hackfleisch nicht mehr eingefroren werden).**

Für 4–6 Personen

Die Lammschulter vollständig abkühlen lassen. So viel wie möglich von dem Fett auf der Oberfläche abkratzen, die Lammschulter und das Gemüse auf einen Teller legen und den Bratensaft in einen Messbecher geben. Wer will, kann auch alles im Kühlschrank über Nacht abkühlen lassen und den Auflauf erst am nächsten Tag zubereiten.

Die Kartoffeln weich kochen. In einem Topf Milch und Butter erhitzen, über die Kartoffeln gießen und diese zu Kartoffelbrei stampfen. Mit Salz, Pfeffer und Muskat würzen und vollständig abkühlen lassen.

Das Fleisch entbeinen, die Fettränder entfernen und in mundgerechte Stücke schneiden. Das Gemüse in kleine Stücke schneiden und die Knoblauchknolle über dem Becher mit dem Bratensaft ausdrücken. Falls notwendig, den Bratensaft mit etwas Wasser auffüllen, um auf eine Menge von 500 ml zu kommen. Fleisch und Gemüse in eine feuerfeste Form füllen, die Sauce darübergießen und mit dem Kartoffelpüree bedecken.

(F) Die Form abdecken, etikettieren und einfrieren.

(A) Über Nacht im Kühlschrank auftauen lassen.

(E) Im auf 180 °C vorgeheizten Backofen 40–50 Minuten backen, bis das Kartoffelpüree goldbraun ist und die Sauce blubbert.

# Tarte mit Räucherfisch, Krabben und Kresse

- 1/2 Menge Mürbeteig (siehe Seite 28) oder 375 g fertig ausgerollter Mürbeteig aus der Kühltheke
- 225 g frisch geräuchertes Kabeljau- oder Schellfischfilet
- 400 ml Vollmilch
- 2 Eier, leicht verquirlt
- 1 nussgroßes Stück Butter
- 1 mittelgroße Lauchstange, geputzt und in feine Scheiben geschnitten
- 2 EL Mehl
- 1–2 Prisen Cayennepfeffer
- Salz, Pfeffer aus der Mühle
- 100 g frisches weißes Krabbenfleisch (nicht zuvor tiefgefroren)
- 100 g frisches braunes Krabbenfleisch (nicht zuvor tiefgefroren)
- 50 g Brunnenkresse, fein gehackt

**Ich liebe die Kombination von geräuchertem Fisch und Brunnenkresse. Das frische Krabbenfleisch krönt diese Tarte.**

Für 4–6 Personen; für dieses Rezept benötigen Sie eine 2,5 cm hohe Tarteform mit herausnehmbarem Boden und einem Durchmesser von 24 cm.

Den Backofen auf 190 °C vorheizen. Den Teig auf einer mit Mehl bestäubten Arbeitsfläche ausrollen, einen großen Kreis daraus ausschneiden und die Tarteform damit auslegen. Die Form mit dem Teig 30 Minuten kalt stellen. Anschließend den Teig mit Backpapier abdecken, Backbohnen daraufgeben und den Tarteboden 15 Minuten blind backen.

Den Fisch in der Milch, mit Alufolie abgedeckt, 20 Minuten im Backofen pochieren. Die Alufolie entfernen, den Fisch auf einem Teller abkühlen lassen und anschließend in kleine Stücke teilen. Die Milch beiseitestellen.

Bohnen und Backpapier vom Tarteboden entfernen und diesen mit etwas Ei bestreichen. Die Tarteform für weitere 5 Minuten in den Backofen stellen.

In einem Topf die Butter zerlassen und den Lauch sanft dünsten, bis er weich ist. Das Mehl unterrühren und nach und nach die Milch zugießen, unterrühren und am Ende aufkochen lassen. Mit Cayennepfeffer, Salz und Pfeffer würzen, 2–3 Minuten köcheln lassen und den Topf in ein zu einem Viertel mit kaltem Wasser gefülltes Spülbecken stellen, damit die Sauce möglichst schnell abkühlt. Anschließend das Krabbenfleisch, den geräucherten Fisch, die Brunnenkresse und die verquirlten Eier zugeben, alles gut vermischen und in die Tarteform füllen.

**(F)** Die noch nicht gebackene Tarte mit Klarsichtfolie abdecken und in der Form einfrieren. Die tiefgefrorene Tarte vorsichtig aus der Form lösen und in einen Gefrierbeutel umpacken.

**(A)** Die Tarte zurück in die Form geben und über Nacht im Kühlschrank auftauen.

**(E)** Den Backofen auf 180 °C vorheizen und ein Backblech ebenfalls mit vorheizen. Die Tarte 30–40 Minuten auf dem heißen Blech im Backofen backen, bis die Füllung gestockt und oben goldbraun ist. Vor dem Servieren ein paar Minuten ruhen lassen.

# Aromatisches Lammcurry

2 Schuss Öl
1 Zimtstange
12 Gewürznelken
12 Kardamomkapseln
3 TL Kreuzkümmelsamen
3 Zwiebeln, fein gehackt
12 Knoblauchzehen, zerdrückt
1 Stück Ingwer (7 cm lang), geschält und fein gerieben
2 Dosen (à 400 g) Tomaten in Stücken
3 grüne Chilischoten, längs aufgeschnitten (je nach gewünschtem Schärfegrad die Kerne entfernen oder belassen)
3/4 TL Chilipulver
1 gehäufter TL Salzflocken
1,5 kg Lammfleisch, in mundgerechte Würfel geschnitten

**Zum Servieren**

1 gute Handvoll frischer Koriander, fein gehackt
Indisches Dal* (würzige Linsen) oder Reis
Nan-Brote**
Gedämpfte grüne Bohnen mit Butter und mit schwarzen Zwiebelsamen bestreut

**Ich bin eine begeisterte Köchin gesunder indischer Familiengerichte. Deshalb hat mir meine Freundin Sheila Damodaran für dieses Buch dieses Lammcurryrezept gegeben. Am besten verwendet man in Würfel geschnittene Lammschulter, aber das Fleisch aus der Keule eignet sich auch.**

Für 4 Personen

Das Öl in einem Schmortopf erhitzen, alle Gewürze hineingeben und umrühren, bis sie zu brutzeln beginnen. Die Zwiebeln hinzufügen und etwa 8 Minuten goldgelb anschwitzen. Knoblauch und Ingwer zugeben und 1 weitere Minute mitdünsten.

Tomaten, Chilischoten, Chilipulver sowie Salz zugeben und 10–12 Minuten zu einer dicken Sauce einkochen.

Das Fleisch hinzufügen, aufkochen lassen, 200 ml kochendes Wasser zugießen und die Hitze so weit reduzieren, dass die Sauce gerade noch köchelt (das Fleisch wird besonders zart, wenn man ein Curry nie richtig stark kochen lässt). 1 1/2–2 Stunden zugedeckt köcheln lassen, bis das Fleisch sehr zart ist. Ab und zu prüfen, ob das Curry nicht zu trocken wird und eventuell etwas Wasser nachgießen.

(F) Abkühlen lassen, in Gefrierbehälter füllen, etikettieren und einfrieren.

(A) Über Nacht im Kühlschrank auftauen lassen.

(E) Das Curry in einen Topf füllen, aufkochen und 15 Minuten sanft köcheln lassen, bis es durch und durch heiß ist. Mit Koriander bestreuen und mit Dal oder Reis, Nan-Broten und gedämpften, in Butter geschwenkten und mit schwarzen Zwiebelsamen bestreuten grünen Bohnen servieren.

* In der indischen Küche eine Art Brei aus Hülsenfrüchten, meist Linsen, aber auch Kichererbsen oder Bohnen.

** Indische Fladenbrote aus gesäuertem Teig.

# Spinatlasagne mit Hackfleisch

50 g Butter
50 g Mehl
450 ml Milch
300 g tiefgefrorener Blattspinat in Würfeln
75 g gereifter Cheddar, gerieben
50 g Parmesan, gerieben
frisch geriebene Muskatnuss
Salz, Pfeffer aus der Mühle
1/4 Portion Familien-Hackfleischsauce (siehe Seite 34)
6–8 Lasagneblätter

**In vielen Familien zählt Lasagne zu den Lieblingsspeisen, und daher habe ich hier das Familien-Hackfleischsaucenrezept auf Seite 34 gewählt. Die Lasagne kann entweder mit der frisch zubereiteten und abgekühlten Hackfleischsauce gemacht und vor dem Backen eingefroren werden, oder man taut einen Tiefkühlbehälter mit fertiger Hackfleischsauce auf, bereitet die Lasagne zu und bäckt sie im Backofen. Allerdings darf das einmal aufgetaute Hackfleisch nicht für eine Lasagne verwendet werden, die eingefroren werden soll. Wer für eine größere Gästeschar kocht, kann die angegebenen Mengen einfach verdoppeln und eine entsprechend größere Auflaufform wählen (diese dann vorsichtshalber 10 Minuten länger im Backofen backen, damit die Lasagne durch und durch heiß ist). Wer will, kann auch frischen Spinat verwenden, ihn kurz garen, abtropfen lassen und in die heiße Sauce einrühren.**

Für 4 Personen

Zunächst die Sauce zubereiten. Dafür in einem Topf die Butter zerlassen und bei niedriger Temperatur das Mehl 2 Minuten unterrühren. Nach und nach die Milch zugießen, aufkochen lassen, die Spinatwürfel zugeben und so lange köcheln lassen, bis sie aufgetaut sind. Den Topf vom Herd nehmen, die beiden Käsesorten mischen und die Hälfte davon in die Spinatsauce einrühren, bis der Käse geschmolzen ist. Mit Muskat, Salz und Pfeffer würzen und vollständig abkühlen lassen.

Wenn die Sauce abgekühlt ist, die Hälfte des Hackfleischs in eine 2-Liter-Auflaufform geben, mit 3 Lasagneblättern abdecken und knapp die Hälfte der Spinatsauce darauf verteilen. Mit weiteren 3 Lasagneblättern abdecken, die restliche Hackfleischsauce darauf verteilen und mit einer Schicht Spinatsauce abschließen. Den restlichen Käse darüberstreuen und die Lasagne entweder im Backofen backen (falls Sie tiefgefrorenes Hackfleisch verwendet haben) oder einfrieren.

(A) Über Nacht im Kühlschrank auftauen lassen.

(E) Den Backofen auf 180 °C vorheizen und die Lasagne 35–45 Minuten backen, bis der Käse goldbraun und alles durch und durch heiß ist.

# Rinderbäckchen mit Rotwein und Pilzen

25 g gemischte getrocknete Pilze (z. B. Steinpilze, Austernpilze und Shiitakepilze)
3 gehäufte EL Mehl
Salz, Pfeffer aus der Mühle
1,7 kg Rinderbäckchen, halbiert
2–3 EL Pflanzenöl
4 dicke Scheiben Räucherspeck, in kleine Würfel geschnitten
2 rote Zwiebeln, abgezogen und in Spalten geschnitten
2 Stangen Staudensellerie, geputzt und in Scheiben geschnitten
2 Knoblauchzehen, zerdrückt
1 1/2 EL Tomatenmark
2 EL Johannisbeergelee
400 ml Rotwein
2 Lorbeerblätter
1 Zweig Rosmarin
400 ml Rinderfond oder Rinderbrühe

**Zum Servieren**

1 nussgroßes Stück Butter
6 große Zuchtchampignons, in Scheiben geschnitten
2 EL Petersilie, fein gehackt
Kartoffel-Sellerie-Püree oder ein Kartoffelgratin Dauphinoise

**Ein köstliches Gericht, für das sich auch Siedefleisch eignet.**

Für 6–8 Personen

Die getrockneten Pilze 30 Minuten lang in 200 ml heißem Wasser einweichen. Den Backofen auf 150 °C vorheizen. Das Mehl mit reichlich Salz und Pfeffer würzen und die Rinderbäckchen darin wälzen.

1 Esslöffel Öl in einem großen Schmortopf erhitzen und den Speck knusprig braten. Mit einem Schaumlöffel herausnehmen, auf Küchenpapier abtropfen lassen und beiseitestellen.

Etwas mehr Öl in den Topf geben und so stark erhitzen, dass es raucht. Etwa die Hälfte der Rinderbäckchen hineingeben und 3 Minuten knusprig braun anbraten. Die fertigen Rinderbäckchen in eine Kasserolle geben und den Rest anbraten.

Die Temperatur reduzieren und Zwiebeln sowie Sellerie etwa 10 Minuten sanft dünsten. Die eingeweichten Pilze ausdrücken und beiseitestellen. Anschließend Pilze und Knoblauch mit in den Topf geben und 2 Minuten dünsten. Die Temperatur etwas erhöhen, Tomatenmark, Johannisbeergelee und Rotwein unterrühren, 3 Minuten kochen lassen und dann alles in die Kasserolle mit den Rinderbäckchen geben. Speck, Kräuter, Rinderfond oder -brühe und das aus den Pilzen ausgedrückte Wasser ebenfalls zugeben und alles zugedeckt 3 Stunden im Backofen schmoren lassen.

(F) Mit einem Schaumlöffel das Fleisch und das Gemüse in ein Gefriergefäß geben. Die Sauce abschmecken, eventuell mit Salz, Pfeffer oder Johannisbeergelee nachwürzen und über das Fleisch gießen. Abkühlen lassen, etikettieren und abgedeckt einfrieren.

(A) Mindestens 24 Stunden im Kühlschrank auftauen lassen.

(E) Den Backofen auf 180 °C vorheizen. Die Butter in einer Pfanne zerlassen und die Pilze 3–4 Minuten schmoren. Fleisch, Gemüse und Sauce in eine feuerfeste Kasserolle geben. Die Pilze zugeben, kurz aufkochen lassen und 25 Minuten im Backofen aufwärmen. Die Temperatur auf 150 °C reduzieren und die Kasserolle weitere 45 Minuten im Backofen belassen. Mit Petersilie bestreut servieren und dazu Kartoffelpüree oder ein Kartoffelgratin reichen.

# Köstliches zum Tee oder Kaffee

# Schneller Blechkuchen mit Schokolade

200 g weiche Butter
200 g Zucker
4 große Eier
25 g Kakaopulver, aufgelöst in 3–4 EL kochend heißem Wasser und zu einer glatten Paste verrührt
200 g Mehl
1 TL Backpulver
100 g dunkle Schokoladenchips, Smarties, Schokoladentropfen oder frische Himbeeren zum Dekorieren

**Für die Glasur**

1 EL Kakaopulver, aufgelöst in 2 EL kochend heißem Wasser und zu einer glatten Paste verrührt
75 g weiche Butter
200 g Puderzucker

**Meine Schwiegermutter Pooh backt den leckersten, einfachsten und familienfreundlichsten Schokoladenkuchen, der auf keinem Geburtstagsfest fehlen darf. Ihr Geheimnis ist, das Kakaopulver zunächst in kochendem Wasser aufzulösen. Wer lieber eine traditionelle Form schätzt, kann den Teig auch auf zwei kleine runde Formen aufteilen.**

Ergibt 12–14 Stücke

Den Backofen auf 180 °C vorheizen und ein tiefes, 28 x 18 cm großes Backblech einfetten.

Die weiche Butter mit dem Zucker, den Eiern und dem aufgelösten Kakao in eine große Schüssel geben und Mehl und Backpulver darübersieben. Mit einem Mixer alles etwa 2 Minuten rühren, bis eine helle, cremige Teigmischung entsteht. Mit einem Metalllöffel die Schokoladenstückchen unterheben.

Den Teig gleichmäßig in der Backform oder auf dem Blech verteilen und 30–35 Minuten im Backofen backen, bis er gegangen ist und bei Berührung elastisch nachgibt. Kurz abkühlen lassen und auf einen Kuchenrost stürzen.

Wenn der Kuchen abgekühlt ist, die Zutaten für die Glasur miteinander vermischen und den Kuchen damit bestreichen. Mit einer Gabel Wellenmuster durch die noch feuchte Glasur ziehen.

(F) Den glasierten Kuchen auf einem Teller oder einem Brett einfrieren. Den tiefgefrorenen Kuchen in einen Gefrierbehälter oder einen Gefrierbeutel umpacken und erneut einfrieren.

(A) Über Nacht auf einem Kuchenrost auftauen lassen und nach Belieben mit Schokoladenstückchen verzieren.

# Kekse aus dem Tiefkühlfach

375 g Mehl
1 gestrichener TL Backpulver
Salz
150 g Zucker
250 g weiche Butter
1 großes Ei, leicht verquirlt
1 TL Vanillearoma

**Für die Dekoration** (nach Belieben)
Puderzucker
Zitronensaft (oder Wasser)
Lebensmittelfarbe oder essbare Deko

**Kekse sollen auf der Zunge zergehen und sollen vor allem Kindern schmecken. Ich habe ein paar Geschmacksvariationen vorgeschlagen, letztlich aber sind dem Einfallsreichtum keine Grenzen gesetzt.**

Ergibt etwa 40 Stück

Mehl, Backpulver und eine Prise Salz in eine große Schüssel sieben. In einer weiteren Schüssel Butter und Zucker mit einem Mixer schaumig rühren. Mehlmischung, Ei und Vanillearoma zugeben und erneut mixen. Mit bemehlten Händen den Teig zu einer Kugel formen.

Die Kekse entweder sofort ausbacken oder eine der folgenden Möglichkeiten wählen:

**Einfrieren, schneiden und backen**

Die Mischung in zwei gleich große Portionen teilen und jede mit den Händen auf einer mit Mehl bestäubten Arbeitsfläche zu einer 4–5 cm dicken Wurst rollen. Die beiden Würste in Klarsichtfolie wickeln und einfrieren. 15 Minuten vor dem Backen den Teig aus dem Tiefkühlfach nehmen, in 1 cm dicke Scheiben schneiden und backen (siehe unten).

**Formen ausstechen, einfrieren und backen**

Den Teig zu einer Kugel formen, in Klarsichtfolie wickeln und 20 Minuten kalt stellen. Den Teig auf einer mit Mehl bestäubten Arbeitsfläche 1 cm dick ausrollen und Formen ausstechen. Die rohen Kekse zwischen Schichten aus Backpapier einfrieren und bei Bedarf ohne aufzutauen backen.

**Formen ausstechen, backen und einfrieren**

Nach der vorhergehenden Anleitung Formen aus dem Teig ausstechen, die Kekse im Backofen backen, nach dem Abkühlen einfrieren und bei Bedarf wieder auftauen.

**B** Den Backofen auf 180 °C vorheizen. Ein Backblech mit Backpapier auslegen und die geschnittenen oder ausgestochenen Kekse im Abstand von 1–2 cm auf dem Backblech verteilen. 12–18 Minuten im Backofen backen (je nachdem, ob der Teig vorher tiefgefroren war oder nicht), bis die Kekse am Rand langsam Farbe annehmen. Auf einem Kuchenrost abkühlen lassen.

Für die Glasur: Wer mag, kann die Kekse glasieren. Dafür etwas Puderzucker mit ein paar Tropfen Wasser oder Zitronensaft glatt rühren (und nach Wunsch etwas Lebensmittelfarbe zugeben). Die Kekse mit der Glasur bestreichen oder beträufeln und mit essbarer Deko bestreuen.

**Variationen:**

Jede der folgenden Variationen ist für je eine Hälfte des Teigs berechnet. Wer will, kann den Teig in zwei gleiche Portionen teilen, diese in separate Schüsseln geben und mit einem Holzlöffel die weiteren Zutaten untermischen.

**Pistazienkekse:** 2 Esslöffel gehackte Pistazienkerne untermischen und den Teig wie beschrieben zu einer Wurst rollen. Alternativ die Pistazien vor dem Backen einfach in den Teig drücken.

**Orangen-Schoko-Kekse**: 1 Esslöffel gesiebtes Kakaopulver und die abgeriebene Schale einer großen unbehandelten Orange unter den Teig mischen (wer den herben Orangengeschmack etwas intensiver mag, gibt noch mehr abgeriebene Schale hinzu) und den Teig wie beschrieben zu einer Wurst rollen.

**Haferflockenkekse mit Rosinen:** 50 g Haferflocken und 2 gehäufte Esslöffel Rosinen unter den Teig mischen und wie beschrieben zu einer Wurst rollen.

**Honig-Mandel-Kekse**: 25 g Zucker durch 2 Esslöffel flüssigen Honig ersetzen und 2 Esslöffel geröstete Mandelplättchen zugeben. Den Teig wie beschrieben zu einer Wurst rollen.

# Müsliriegel mit Äpfeln und Beeren

- 150 g Butter
- 100 g Demerara-Zucker (Rohrzucker)
- 100 g Rübensirup
- 250 g Haferflocken
- 100 g getrocknete gemischte Beeren
- 1 Apfel, geschält, entkernt und das Fruchtfleisch gerieben
- 1 1/2 EL Sesamsamen

**Häufig packe ich meinem Sohn William für die Schule einen tiefgefrorenen Müsliriegel ein, der dann bis zur Mittagspause aufgetaut ist. Eine gesunde und schmackhafte Alternative zu Schokoriegeln.**

Ergibt 15 Riegel

Den Backofen auf 180 °C vorheizen. Ein 22 x 18 cm großes Backblech einfetten und mit Backpapier auslegen.

Butter, Zucker und Rübensirup langsam in einem Topf erhitzen, bis die Butter geschmolzen ist und der Zucker sich langsam auflöst.

Haferflocken, getrocknete Beeren, geriebenen Apfel und Sesamsamen in einer Schüssel miteinander vermischen, die heiße Buttermischung darübergießen und gut unterrühren. Die Mischung auf das vorbereitete Backblech streichen und 20–25 Minuten im Backofen backen.

10 Minuten abkühlen lassen und in 15 Riegel schneiden. Die abgekühlten Riegel zwischen Schichten aus Backpapier in einen Plastikbehälter packen.

(F) Den Behälter mit einem Deckel verschließen, etikettieren und einfrieren.

(A) Bei Raumtemperatur 2–3 Stunden auftauen lassen.

# Buttercremekuchen

225 g sehr weiche Butter
225 g brauner Zucker
4 große Eier, leicht verquirlt
3 gestrichene TL Backpulver
4 EL Orangensaft oder Milch
225 g Mehl

**Für die Füllung**
100 g weiche Butter
75 g Frischkäse
175 g Puderzucker plus etwas Puderzucker zum Bestäuben
1 TL Vanillemark oder Vanilleextrakt
4–5 EL Himbeer- oder Erdbeermarmelade

**Ich habe bis heute die Stimme meiner Hauswirtschaftslehrerinnen Mrs. Wilkinson und Mrs. Jackson im Ohr, wie sie uns immer wieder ermahnten, die Backbleche gut einzufetten. Sie haben mir beigebracht, wie kinderleicht es ist, die Zutaten für einen Biskuitkuchen abzuwiegen, da man einfach nur je ein Viertel Kilo Butter, Zucker und Mehl nehmen und mit vier Eiern mischen muss. Ich rühre immer etwas Frischkäse unter die Füllung, damit die Buttercreme nicht zu mächtig wird, aber sie lässt sich auch ausschließlich mit Butter oder mit Butter und Crème double machen.**

Für 8–10 Personen

Den Backofen auf 190 °C vorheizen und eine 9 cm tiefe Springform mit einem Durchmesser von 20 cm einfetten.

Wer Zeit sparen will, gibt alle Zutaten für den Biskuitteig in eine Küchenmaschine und siebt am Ende Mehl und Backpulver darüber. Etwa 2 Minuten zu einem glatten Teig mixen, in die Form füllen und backen.

Alternativ (gelingt meiner Meinung nach besser) die weiche Butter mit dem Zucker schaumig rühren, nach und nach die Eier unterrühren und 1 Esslöffel Mehl zugeben, damit die Mischung glatt wird. Mehl und Backpulver darübersieben und mit einem großen Metalllöffel unterheben. Zum Schluss Milch oder Saft unterheben, den Teig in die Springform füllen und glatt streichen.

Auf der mittleren Schiene 40–45 Minuten im Backofen backen, bis der Teig auf Fingerdruck nachgibt und beim Einstechen mit einem Holzspieß kein Teig daran haften bleibt. Kurz abkühlen lassen, auf einen Kuchenrost stürzen und vollständig auskühlen lassen.

In der Zwischenzeit Butter, Frischkäse, Zucker und Vanille mischen. Den Kuchen waagerecht durchschneiden und die untere Hälfte mit Buttercreme bestreichen. Die Marmelade vorsichtig darauf verteilen und die obere Kuchenhälfte daraufsetzen.

**(F)** Offen einfrieren, dann vorsichtig in einen Gefrierbeutel geben, etikettieren und weiter einfrieren.

**(A)** 5–6 Stunden auf einem Kuchenrost auftauen lassen und vor dem Servieren mit Puderzucker bestäuben.

# St-Clément-Rührkuchen mit Zitrusguss

175 g weiche Butter
200 g Zucker
abgeriebene Schale von
1 unbehandelten Orange
abgeriebene Schale von
1 unbehandelten Zitrone
3 große Eier
200 g Mehl, gesiebt
1 1/2 TL Backpulver, gesiebt
100 ml Vollmilch

**Für den Sirup**
100 g Zucker
Saft von 1 Zitrone
Saft von einer 1/2 Orange

**Dieser Kuchen erinnert mich immer an die schönen Sommertage in St-Clément: Das leuchtende Orange und Gelb erweckt sofort sommerliche Gefühle. Ein fruchtig frischer, säuerlicher Kuchen, der im Handumdrehen gebacken ist.**

Ergibt 12 Stücke

Butter, Zucker und den Orangen- und Zitronenabrieb in eine Schüssel geben und mit einem Mixer schaumig rühren. Nach und nach die Eier unterrühren und danach die Hälfte des Mehls sowie die Hälfte der Milch untermischen. Sorgsam mixen und dann das restliche Mehl, die restliche Milch und das Backpulver einrühren.

Die Teigmischung in die vorbereitete Form füllen und gleichmäßig verteilen. 30–35 Minuten im Backofen backen, bis der Kuchen goldbraun ist und der Teig auf Fingerdruck nachgibt. 5 Minuten abkühlen lassen.

In der Zwischenzeit den Zucker mit dem Saft der Zitrone und der Orange verrühren. Den Kuchen vorsichtig aus der Form lösen und auf ein mit Alufolie belegtes Brett legen. Die Oberseite des Kuchens einstechen und die Ränder der Alufolie nach oben umschlagen, damit der Sirup, der über den Kuchen geträufelt wird, nicht wegrinnen kann. Den Kuchen vollständig auskühlen lassen.

(F) Den Kuchen auf dem Brett einfrieren. Das Brett entfernen, den tiefgefrorenen Kuchen in Folie wickeln und weiter einfrieren.

(A) Bei Raumtemperatur 4 Stunden auftauen lassen.

# Heidelbeer-Mandel-Muffins

110 g weiche Butter
110 g Zucker
2 Eier
50 g gemahlene Mandeln
abgeriebene Schale einer 1/2 kleinen unbehandelten Orange plus 2 EL Orangensaft
110 g Mehl
1 1/2 TL Backpulver
100 g Heidelbeeren

**Zum Servieren**
Puderzucker zum Bestäuben

**Am liebsten mache ich diese Muffins zusammen mit meinem dreijährigen Sohn William, wobei es meist damit endet, dass ich verzweifelt versuche, den Teig in die Förmchen zu füllen, bevor er ganz aufgegessen ist. Blaubeeren liebt er über alles. Und in der Tat lächelt mich gerade, während ich diesen Text hier schreibe, ein kleiner blau verschmierter Mund an – er hat sich eben die letzten Blaubeeren aus dem Paket genommen. Blaubeeren lassen sich hervorragend einfrieren. Wenn einem danach gelüstet, kann man sie einfach aus dem Tiefkühlfach nehmen und 30 Minuten auftauen lassen.**

Ergibt 15 Stück

Sie benötigen für dieses Rezept 2 Muffinbleche und 15 Papierförmchen.

Den Backofen auf 190 °C vorheizen. Butter, Zucker, Eier, Mandeln sowie Orangenschale und -saft in eine Schüssel geben. Das Mehl und das Backpulver darübersieben und alles etwa 2 Minuten lang mit einem Mixer zu einem glatten Teig vermischen. Die Blaubeeren mit einem Löffel unterheben und den Teig in die mit den Papierförmchen gefüllten Muffinbleche füllen. 15–20 Minuten im Backofen backen.

(F) Auf einem Kuchenrost abkühlen lassen, einzeln einfrieren, tiefgefroren in Gefrierbeutel packen, etikettieren und erneut einfrieren.

(A) Auf einem Kuchenrost auftauen lassen. Vor dem Servieren mit Puderzucker bestäuben.

# Britische Scones mit Rosinen

225 g Mehl
1 1/2 TL Backpulver
50 g kalte Butter, gewürfelt
2 EL Zucker
2 EL Rosinen
7–8 EL Vollmilch
2 EL Zitronensaft
1 großes Ei, leicht verquirlt

**Scones lassen sich gut einfrieren, und es ist immer von Vorteil, sie vorrätig zu haben. Frisch aufgewärmte Scones mit Rosinen einfach mit Butter bestreichen oder als besonderen Leckerbissen Schlagsahne und Marmelade dazu reichen.**

Ergibt 8 Stück

Sie benötigen einen 6 cm großen hohen Ausstechring (alternativ mit einem Messer in Vierecke schneiden).

Den Backofen auf 220 °C vorheizen. Das Mehl und das Backpulver in eine Schüssel sieben und eine Prise Salz untermischen. Mit den Händen die Butter untermischen, dazu den Teig zwischen den Fingerspitzen reiben. Anschließend Zucker und Rosinen untermischen.

7 Esslöffel Milch mit dem Zitronensaft und dem Ei mischen und fast vollständig mit einem Messer unter den Teig heben (etwas zum Bestreichen der Scones beiseitestellen). Falls der Teig zu fest wird, etwas mehr Milch zugeben.

Den Teig auf eine mit Mehl bestäubte Arbeitsfläche geben und zu einem etwa 3 cm hohen Fladen formen. Mit dem Ausstechring die Scones ausstechen (den Ring vorher in etwas Mehl tauchen, dann schneidet er leichter durch den Teig). Die Scones mit der restlichen Eimischung bestreichen und mit einem Spachtel auf ein mit Backpapier ausgelegtes Backblech legen. 10–12 Minuten im Backofen backen, bis sie aufgegangen und goldbraun sind. Auf einem Kuchenrost abkühlen lassen.

**(F)** In einen Gefrierbeutel geben, etikettieren und einfrieren.

**(A)** Bei Raumtemperatur 1–2 Stunden auftauen lassen.

**(E)** Den Backofen auf 180 °C (Gas Stufe 4) vorheizen und die Scones 5–8 Minuten aufbacken.

**Variation:**

**Blaubeer-Scones:** Die Rosinen durch 3 Esslöffel getrocknete Blaubeeren ersetzen.

# Schinken-Käse-Gebäck mit Sonnenblumenkernen

4 Scheiben geräucherter Speck, in kleine Würfel geschnitten
250 g dunkles oder Vollkornmehl, gesiebt
2 TL Backpulver
1/2 TL Salz
1/2 TL Senfpulver
25 g kalte Butter, gewürfelt
100 g Cheddar, gerieben
7–8 EL Vollmilch
1 großes Ei, leicht verquirlt
2 TL Sonnenblumenkerne

**Dieses Gebäck ist eine Mischung aus Scones und Brötchen und schmeckt daher zu einem Teller Suppe oder einfach kurz aufgebacken als kleiner Snack zwischendurch.**

Ergibt 9 Stück

Den Backofen auf 220 °C vorheizen. Den Speck ohne Zugabe von Fett in der Pfanne knusprig braten und auf Küchenpapier abtropfen lassen.

In einer großen Schüssel Mehl, Salz, Senfpulver und Backpulver miteinander vermischen und dann die Butter zugeben. Die Butter mit den Fingern unterkneten, dabei das Mehl immer wieder zurück in die Schüssel rieseln lassen, damit Luft dazu kommt. Käse und Speck untermischen.

7 Esslöffel Milch mit dem Ei vermischen, fast vollständig zu dem Teig geben und mit einem breiten Messer untermischen. Eventuell Milch nachgießen, falls der Teig zu fest ist.

Den Teig auf eine mit Mehl bestäubte Arbeitsfläche geben und zu einem 3 cm hohen, quadratischen Fladen formen. Den Fladen in neun Quadrate teilen, diese mit der restlichen Eimischung bestreichen, mit Sonnenblumenkernen bestreuen und auf ein mit Backpapier ausgelegtes Backblech setzen. 15–18 Minuten im Backofen backen, bis das Gebäck aufgegangen und goldbraun ist.

(F) Auf einem Kuchenrost abkühlen lassen, in Gefrierbeutel packen, etikettieren und einfrieren.

(A) 1–2 Stunden bei Raumtemperatur auftauen lassen.

(E) Im auf 180 °C vorgeheizten Backofen 5–10 Minuten aufbacken.

# Mokka-Schoko-Kuchen mit Mascarponecreme

200 g weiche Butter
200 g brauner Zucker
4 Eier
2 TL lösliches Kaffeepulver, in 1 EL heißem Wasser aufgelöst
225 g Mehl
1 1/2 TL Backpulver
1 EL Kakaopulver, in 2 EL heißem Wasser aufgelöst

**Für die Mascarponecreme**
75 g Mascarpone
50 g Butter
1 TL Espressopulver, in 2 EL heißem Wasser aufgelöst
250 g Puderzucker, gesiebt

**Zum Servieren**
Kakaopulver zum Bestäuben

**Wem Schokoladenkuchen zu süß und Mokkakuchen nicht süß genug ist, hat hier genau die richtige Mischung!**

Für 8 Personen

Den Backofen auf 180 °C vorheizen. Eine Kastenbackform (für 1 kg) einfetten und mit Backpapier auslegen.

Butter, Zucker, Eier, Kaffeemischung, Mehl und Backpulver mit einem Mixer 2 Minuten miteinander vermischen, bis der Teig hell und cremig ist. Die Hälfte des Teigs in eine andere Schüssel geben und mit dem Kakaopulver mischen. Den Teig aus beiden Schüsseln abwechselnd in die Backform löffeln und oben glatt streichen. Den Kuchen 45–55 Minuten im Backofen backen, bis er aufgegangen ist und nichts an einem Holzstäbchen hängen bleibt, wenn man damit in den Teig sticht. 5 Minuten abkühlen lassen, auf einen Kuchenrost stürzen und vollständig auskühlen lassen.

Die Zutaten für die Mascarponecreme miteinander verrühren und den Kuchen damit bestreichen (falls die Mischung zu flüssig ist, 10 Minuten vor dem Auftragen in den Kühlschrank stellen).

(F) Erst offen einfrieren, später in einen Gefrierbeutel packen und weiter einfrieren.

(A) Über Nacht auftauen lassen und vor dem Servieren mit Kakaopulver bestreuen.

# Englische Weihnachtspastetchen

**Ich muss zugeben, dass meine Familie gar nicht sonderlich scharf auf diese Weihnachtspasteten ist. Aber für mich gehören sie zu einem traditionellen britischen Weihnachtsfest nun einmal dazu. Ich mag sie so gerne, dass ich mich häufig am Ende selbst ein bisschen wie der Weihnachtsmann fühle.**

Ergibt 16 Stück

500 g (1/2 Menge) selbst hergestellter süßer Mürbeteig (siehe Seite 28) oder 500 g fertig ausgerollter feiner Mürbeteig
400 g süßes Apfelkompott mit Rosinen und weihnachtlichen Gewürzen (Zimt, Anis, Kardamom usw. – je nach Geschmack)
etwas Milch
1 Ei, verquirlt
Zucker zum Bestreuen

Sie benötigen zwei Pastetenformen für je zwölf kleine Pasteten und zwei runde Ausstechförmchen mit Wellenrand von je 6 cm und 7,5 cm Durchmesser.

Den Backofen auf 190 °C vorheizen. Den Teig auf einer mit Mehl bestäubten Arbeitsfläche so dünn wie möglich ausrollen und je 16 Kreise mit jedem Ausstechförmchen ausstechen (wer den Teig geschickt ausnutzt, kann vielleicht sogar noch zwei Kreise mehr ausstechen).

Die Pastetenformen mit den größeren Teigkreisen auslegen und darauf je einen gehäuften Teelöffel gewürztes Apfelkompott geben. Die Teigränder mit der Milch bestreichen und die kleineren Teigkreise als Deckel daraufsetzen. Die Ränder gut festdrücken, mit einem Messer zwei Schlitze in jeden Deckel schneiden, damit der Dampf entweichen kann, und 25–30 Minuten im Backofen backen.

(F) Die Pastetchen in den Formen auskühlen lassen, danach zwischen Lagen aus Backpapier in Gefrierbehälter packen und einfrieren.

(E) Den Backofen auf 190 °C vorheizen und die tiefgefrorenen Pasteten 8–10 Minuten aufbacken.

# Himbeermuffins mit weißer Schokolade

180 ml Vollmilch
1 großes Ei
2 EL Pflanzenöl
1/2 TL Vanillemark oder Vanilleextrakt
250 g Mehl
1 TL Backpulver
150 g brauner Zucker
Salz
100 g Tropfen aus weißer Schokolade
100 g Himbeeren

**Zum Servieren**
Puderzucker zum Bestäuben

**Diese Muffins lassen sich einfach und schnell zusammen mit Kindern backen und schmecken sowohl lauwarm als auch abgekühlt köstlich. Zur Grundmischung passen auch Rosinen, Blaubeeren, dunkle Schokolade und Pekannüsse – alles ist erlaubt!**

Ergibt 12 Stück

Sie benötigen ein Muffinblech für zwölf Muffins und zwölf Papierförmchen oder eine Muffinform aus Silikon.

Den Backofen auf 190 °C vorheizen. Milch, Ei, Öl und Vanille in einem Messbecher mit dem Schneebesen verrühren. Mehl und Backpulver in eine Schüssel sieben und Zucker, eine Prise Salz, Schokoladenstückchen und Himbeeren unterrühren. In der Mitte eine Mulde formen und die Eimischung hineingießen. Alles mit einer Gabel vorsichtig vermischen (nicht rühren, da sonst die Muffins nicht aufgehen).

Die Papierförmchen in das Muffinblech setzen und den Teig mit einem Löffel hineinfüllen. Die Muffins 20–25 Minuten im Backofen backen, bis sie aufgegangen und goldgelb sind. 5 Minuten in der Form abkühlen und anschließend auf einem Kuchenrost vollständig auskühlen lassen.

(F) Einzeln einfrieren, danach in einen Gefrierbeutel geben, etikettieren und weiter einfrieren.

(A) 4–5 Stunden auf einem Kuchenrost auftauen lassen und entweder kalt essen oder bei niedriger Temperatur kurz im Backofen erwärmen. Vor dem Servieren mit Puderzucker bestäuben.

# Desserts

# Honigeis mit Nüssen

50 g Pekannüsse
110 g (etwa 4 EL) brauner Zucker
75 g (etwa 2 EL) flüssiger Honig
1 TL Natron
1 kg Schlagsahne
1 Dose (400 g) Kondensmilch (fettarm oder normal)

**Meine Familie hat dieses Honigeis, dessen Rezept ursprünglich von meiner Schwägerin Katie stammt, schnell zu ihrem Lieblingseis erklärt. Und mit den Nüssen ist es auch mein Lieblingseis geworden. Am besten schmeckt es innerhalb der ersten Wochen, danach verändert sich meist die Konsistenz.**

Ergibt 2,5 Liter

Den Backofen auf 190 °C vorheizen, die Pekannüsse mit den Händen zerbrechen, auf einem Backblech ausbreiten und 5 Minuten im Backofen rösten. Die Nüsse aus dem Backofen holen und abkühlen lassen.

Ein Backblech mit Backpapier auslegen und dieses einfetten. Zucker und Honig in einem Topf langsam erhitzen, bis sich der Zucker auflöst. Die Temperatur erhöhen und die Honigmischung etwa 4 Minuten kochen, bis sie karamellisiert (aufpassen, dass sie nicht anbrennt!). Den Topf vom Herd nehmen, die Nüsse zugeben und vorsichtig das Natron darüberstreuen. Der Karamell wird dadurch schaumig und bekommt mehr Volumen. Kurz rühren und dann schnell auf das eingefettete Backpapier gießen, bevor er zusammenfällt. Abkühlen und fest werden lassen, in eine Plastiktüte füllen und mit der Teigrolle in kleine Stückchen zerstoßen.

Die Sahne mit einem Mixer so lange schlagen, bis sie langsam fest, aber noch nicht steif, wird und bei laufendem Mixer die Kondensmilch zugießen. So lange weiterrühren, bis die Mischung steif wird und erst dann die Honigkrümel unterheben.

(F) In einen 3-Liter-Gefrierbehälter füllen und 6–8 Stunden einfrieren.

(A) 20 Minuten vor dem Servieren aus dem Gefrierschrank nehmen und an einem kühlen Ort antauen lassen.

**Tipp:** Nach dem Karamellisieren des Honigs in dem Topf Wasser aufkochen, um die Karamellreste zu lösen.

# Schnelles Vanilleeis

600 g süße Sahne
1 Dose (400 g) Kondensmilch (fettarm oder normal)
400 ml frisch gemachte Englische Creme (siehe Seite 30), abgekühlt oder 500 ml fertig gekaufte Vanillesauce
1 1/2 TL Vanillemark oder Vanilleextrakt

**Wessen Familie so eisverrückt ist wie die meine, wird dieses superschnelle Rezept lieben. Am besten schmeckt es innerhalb der ersten Wochen, danach verändert sich meist die Konsistenz.**

Ergibt 1,5 Liter

Die Sahne mit einem Mixer steif schlagen und bei laufendem Motor etwa 1 Minute lang Kondensmilch, Eiercreme und Vanillemark unterrühren.

(F) In ein fest verschließbares 2-Liter-Gefriergefäß füllen.

(A) 20 Minuten vor dem Servieren aus dem Tiefkühlfach nehmen und antauen lassen.

# Erdbeereis mit Baiserkrümeln

400 g reife Erdbeeren
3 EL gute Erdbeermarmelade
400 g süße Sahne
200 g Kondensmilch
(normal oder fettarm)
4 Baisers, mit den Händen zerkrümelt

**Eine typisch englische Eisspezialität, bei der die Erdbeermarmelade das Aroma der Erdbeeren noch intensiviert. Das Eis sollte innerhalb von zwei bis drei Wochen verzehrt werden, danach verändert sich die Konsistenz.**

Ergibt 1,75 Liter

Erdbeeren und Marmelade in der Küchenmaschine pürieren. Mit einem Mixer die Sahne steif schlagen und bei laufendem Motor erst die Kondensmilch und dann das Erdbeerpüree unterrühren. So lange rühren, bis die Mischung noch steif ist, sich aber gießen lässt, und erst dann die zerkrümelten Baisers unterheben.

(F) In ein fest verschließbares 2-Liter-Gefriergefäß füllen.

(A) 20 Minuten vor dem Servieren aus dem Tiefkühlfach nehmen und antauen lassen.

# Knuspriges Rhabarbereis

500 g Rhabarber, frisch oder tiefgefroren (muss nicht aufgetaut werden), in Stücke geschnitten
4 EL Zucker
2 EL frisch gepresster Orangensaft

**Für die Knusperstreusel**
75 g Mehl
50 g eiskalte Butter, gewürfelt
3 EL heller Muscovadozucker

**Für das Eis**
600 g Schlagsahne
1 Dose (400 g) Kondensmilch (normal oder fettarm)

**Ein ungewöhnliches Eis mit knusprigen Teigstückchen. Der Rhabarber sollte nicht zu hart und grün sein, damit sein Aroma voll und ganz zur Geltung kommt. Ein Eis, das innerhalb von zwei bis drei Wochen gegessen werden sollte, bevor sich die Konsistenz ändert.**

Ergibt 1,8 Liter

Den Backofen auf 180 °C vorheizen. Den Rhabarber in eine Kuchenform geben, den Zucker darüberstreuen und mit dem Orangensaft beträufeln. Mit Folie abgedeckt etwa 25 Minuten im Backofen backen, bis der Rhabarber weich ist.

In der Zwischenzeit den knusprigen Teig herstellen. Dafür Mehl und Butter in einer Schüssel miteinander verkneten. Den Zucker untermischen und die Streusel etwa 1 cm dick auf einem 24 x 20 cm großen Backblech ausbreiten und flach drücken. Etwa 20 Minuten im Backofen backen und sowohl Rhabarber wie Streusel in der Form abkühlen lassen.

Mit einem Mixer die Sahne steif schlagen und bei laufendem Motor erst die Kondensmilch und dann den abgekühlten Rhabarber unterheben. Erneut rühren, bis die Mischung eingedickt ist, sich aber immer noch gießen lässt. Die Streuselteigplatte grob zerkleinern und unterheben.

(F) In ein fest verschließbares 2-Liter-Gefriergefäß füllen.

(A) 20 Minuten vor dem Servieren aus dem Tiefkühlfach nehmen und antauen lassen.

# Rotblaues Eis

275 g Schwarze Johannisbeeren
175 g Rote Johannisbeeren
4 EL Schlehengin oder Apfelsaft
600 ml Kondensmilch
(normal oder fettarm)
750 g süße Sahne
4 Baisers, grob zerkleinert
(nach Belieben)

**Eigentlich hatte ich vor, ein Eis aus Roten Johannisbeeren zu machen, da diese in Eisrezepten häufig etwas zu kurz kommen. Das Eis lässt sich auch nur mit Schwarzen Johannisbeeren zubereiten. Ausschließlich Rote Johannisbeeren schmecken hingegen etwas fade. Wer keine frischen Beeren zur Verfügung hat, kann sich mit tiefgefrorenem Obst behelfen, das vor der Verwendung nicht aufgetaut werden muss. Nicht zu lange lagern, da das Eis sonst seine Konsistenz verändert.**

Ergibt 2 Liter

Schwarze und rote Johannisbeeren und Gin oder Apfelsaft in einem Topf 5–10 Minuten köcheln lassen und dabei häufig umrühren. Wenn die Beeren aufgeplatzt sind, diese durch ein Sieb in eine Schüssel geben und dabei mit einem Spatel das Beerenpüree durch die Siebmaschen drücken. Das Püree abkühlen lassen.

Die Sahne steif schlagen und die Kondensmilch sowie das Beerenpüree unterrühren. Mit einem Löffel die zerkrümelten Baisers (falls erwünscht) unterheben und die Eismischung in ein 2-Liter-Gefriergefäß füllen.

(F) Mindestens 4–5 Stunden gefrieren, bis das Eis durch und durch gefroren ist.

(A) 20 Minuten vor dem Servieren aus dem Tiefkühlfach nehmen.

# Violette Eisterrine

275 g Schwarze Johannisbeeren
175 g Rote Johannisbeeren
4 EL Schlehengin oder
Crème de Cassis
600 ml Kondensmilch
(normal oder fettarm)
750 g süße Sahne
4 Baisers, leicht zerkrümelt

**Diese Eisterrine ist eine elegante Verfeinerung des vorhergehenden Rezepts. Dabei ist die Zubereitung genauso schnell zu bewerkstelligen – morgens einfach die Zutaten vermischen, einfrieren und abends servieren. Der Schuss Alkohol sorgt für eine neue Geschmacksnote, lässt sich aber nach Geschmack auch durch Wasser oder Apfelsaft ersetzen. Die Terrine sollte innerhalb von zwei bis drei Wochen verzehrt werden, da sich bei zu langer Lagerung die Konsistenz ändert.**

Ergibt 2 Eisterrinen à 900 ml.

Sie benötigen zwei rechteckige Backformen mit einem Volumen von je 900 ml.

Schwarze und Rote Johannisbeeren mit Schlehengin oder Crème de Cassis und 2 Esslöffeln Wasser 5–10 Minuten köcheln lassen und dabei häufig umrühren. Wenn die Beeren aufgeplatzt sind, diese durch ein Sieb in eine Schüssel streichen und dabei mit einem Spatel das Beerenpüree durch die Siebmaschen drücken. Das Püree abkühlen lassen.

Die Sahne steif schlagen und die Kondensmilch sowie das Beerenpüree unterrühren. Mit einem Löffel die zerkrümelten Baisers unterheben und die Eismischung in zwei rechteckige, antihaftbeschichtete (oder mit Klarsichtfolie ausgelegte) Backformen füllen.

(F) Mindestens 4–5 Stunden gefrieren, bis das Eis durch und durch gefroren ist.

(A) 20 Minuten vor dem Servieren aus dem Tiefkühlfach nehmen und an einen kühlen Ort stellen. Auf einen Teller stürzen (dafür eventuell die Formen kurz in heißes Wasser tauchen) und in Scheiben schneiden.

# Mojito-Sorbet

abgeriebene Schale und Saft von 8–10 unbehandelten Limetten (Sie benötigen 225 ml Limettensaft)
175 g Zucker
Saft von 1 großen Zitrone
100 ml weißer Rum
15 große junge Minzeblätter, sehr fein gehackt

**Zum Servieren**
Minzeblätter

**Mojito ist mein absoluter Lieblingscocktail. Also habe ich daraus eine Eiskreation gemacht. Nicht zu viel Alkohol verwenden, weil das Eis sonst Ewigkeiten braucht, bis es fest wird bzw. bei zu viel Alkohol erst gar nicht gefriert.**

Ergibt 675 ml (für 4 Personen)

Die Limettenschale, den Zucker und 150 ml Wasser in einem Topf sanft erhitzen, bis sich der Zucker aufgelöst hat. 5 Minuten abkühlen lassen und in der Zwischenzeit die Limetten und die Zitrone auspressen.
Den Zuckersirup, den Rum und die Minzeblätter zugeben und gut umrühren.

**F** In einen möglichst hohen 1-Liter-Behälter füllen (um mit dem Stabmixer alles noch einmal durchzurühren) und 4–5 Stunden einfrieren, bis die Masse halbgefroren ist. Mit einem Stabmixer kurz aufschlagen oder mit einer Gabel aufkratzen und die Eiskristalle zerdrücken. Erneut einfrieren und den Vorgang wenn möglich wiederholen – je häufiger die Eiskristalle zerdrückt werden, desto feiner wird das Sorbet.

**S** Unmittelbar vor dem Servieren das Sorbet aus dem Tiefkühlfach nehmen und mit Minze bestreut in kleinen Gläsern servieren.

# Pawlowa mit Granatapfelkernen und Himbeeren

175 ml Eiweiß (etwa 4 große Eier – das Gewicht überprüfen)
350 g brauner Zucker
2 EL Maismehl
1 TL Weißweinessig

**Zum Servieren**
240 g Granatapfelkerne (etwa 4 frische Granatäpfel)
300 g Himbeeren (frisch oder tiefgefroren)
2 EL Zucker
300 g süße Sahne

**Mit einer üppig mit rotglänzenden Früchten dekorierte Pawlowa-Torte beeindrucken Sie Ihre Gäste immer. Außerdem schmeckt diese Kombination aus säuerlichem Obst und süßem Baiser himmlisch. Am besten bäckt man die Pawlowa ohne die Zuschaltung von Umluft, um die weiche Baisermasse im Innern und die knusprige Baiserhülle außen exakt temperieren zu können. Tiefgefrorene Himbeeren sind ideal, da sie auf der Torte schnell auftauen und für sommerliche Frische sorgen. Wer sich die Mühe macht, frische Granatäpfel zu entkernen, sparen will, kann auch eine Packung Granatapfelkerne kaufen. Der braune Zucker verleiht der Pawlowa-Torte eine hübsche Karamellfarbe.**

Für 6 Personen

Den Backofen auf 160 °C vorheizen. Aus Backpapier einen Kreis mit einem Durchmesser von 23 cm ausschneiden und auf ein Backblech legen.

In einer großen Schüssel mit einem Mixer das Eiweiß steif schlagen und schnell nacheinander 6 Teelöffel Zucker unterrühren. Bei laufendem Motor im Abstand von je 10 Sekunden 2 weitere Teelöffel Zucker zugeben und so lange weiterrühren, bis der Zucker gut untergemischt ist. Das Maismehl darüberstreuen, den Essig zugeben und beides mit einem großen Metallspatel unterheben.

Die Mischung mit einem Löffel auf den Kreis aus Backpapier geben, die Mitte glatt streichen und zu den Rändern hin wellenförmig hochziehen.

Sobald die Pawlowa im Backofen ist, die Temperatur auf 150 °C reduzieren und eine Stunde backen. Den Backofen ausschalten und die Baisermasse bei geöffneter Tür im Ofen komplett auskühlen lassen. .

(F) Auf dem Backblech einfrieren und tiefgefroren in einen Beutel oder in einen Behälter umpacken und weiter gefrieren.

(A) 2 Stunden vor dem Servieren aus dem Tiefkühlfach nehmen und bei Raumtemperatur auftauen lassen.

(S) Während die Baisermasse auftaut, die Hälfte der Granatapfelkerne, 75 g Himbeeren und 2 Esslöffel Wasser in einen Topf geben und so lange köcheln lassen, bis die Himbeeren weich sind und der Saft zu Sirup eingekocht ist. Den Zucker unterrühren, die Mischung durch ein Sieb streichen und den Saft aufbewahren. (Dies lässt sich auch im Voraus machen – den Saft dann im Kühlschrank kühl stellen.) Die Sahne steif schlagen, über die Baisermasse streichen und mit den restlichen Granatapfelkernen und Himbeeren bestreuen. Die Sauce darüberträufeln oder beim Servieren in einem Kännchen dazu reichen.

**Variationen:**

**Pawlowa mit Erdbeeren und Maracuja:** Die Pawlowa nach dem gleichen Prinzip zubereiten, einfrieren und auftauen und mit 300 g Schlagsahne füllen. 400 g halbierte Erdbeeren und die Kerne von 2 Maracuja darüberstreuen. Nach Geschmack mit essbaren Blütenblättern, z. B. von Rosen oder Stiefmütterchen, verzieren.

**Schokoladenpawlowa:** Für dieses Rezept sollte man normales Kakaopulver wählen, da hochpreisiges Kakaopulver häufig zu viel Fett enthält und die Baisermasse dadurch zusammenfällt. 1 1/2 Esslöffel Kakaopulver zusammen mit dem Zucker unter den steif geschlagenen Eischnee mischen.

**Kleine Meringen:** Die Baisermasse nach Rezept zubereiten, allerdings nur 250 g Zucker verwenden und Maismehl sowie Essig weglassen. Mit einem Löffel auf zwei mit Backpapier ausgelegte Backbleche in ausreichendem Abstand voneinander (15–20 cm) kleine Häufchen der Baisermasse setzen. Bei 110 °C 80 Minuten lang backen, bis die Baisers knusprig sind und hohl klingen, wenn man vorsichtig dagegen klopft. Vollständig auf den Backblechen auskühlen lassen, in Gefrierbehälter packen und einfrieren.

# Obstkörbchen

200 g Rote Johannisbeeren
200 g Schwarze Johannisbeeren
350 g Himbeeren
75 g brauner Zucker
1 1/2 EL Crème de Cassis
200 g Erdbeeren
8–10 mitteldicke altbackene Weißbrotscheiben ohne Rinde

**Zum Servieren**
Schlagsahne

**Meine wunderbare Großmutter Sybil machte diese sommerlichen Obstkörbchen für uns, als wir noch Kinder waren, und benutzte dafür das Obst aus dem eigenen Garten. Ich habe diesen Nachtisch Obstkörbchen getauft, da ich so schöne Erinnerungen daran habe, wie meine geliebte Oma bergeweise Himbeeren in ihrem Korb sammelte.**

Ergibt 6 Obstkörbchen

Sie benötigen dafür sechs zylindrische Becherförmchen mit einem Fassungsvermögen von je 200 ml.

Rote und Schwarze Johannisbeeren, die Hälfte der Himbeeren, Zucker und Crème de Cassis in einem Topf sanft erhitzen, bis das Obst glänzt und aufplatzt. Weitere 5 Minuten sanft köcheln lassen, bis sich genügend Saft gebildet hat, die Früchte aber immer noch eine gewisse Konsistenz haben.

Das Brot mit einer Teigrolle ausrollen, bis es etwas dünner ist und mit einem runden Ausstechförmchen in der Größe des Bodens der Becherformen zwölf Kreise ausschneiden. Das restliche Brot in Streifen schneiden, mit denen sich die Innenwände der Becherformen bis zum oberen Rand auslegen lassen. Jeweils eine Seite der Brotkreise in den Fruchtsaft tauchen und mit dieser Seite nach außen auf den Boden der Becherformen geben. Ebenso mit den Streifen verfahren und damit die Innenwand der Becherformen auslegen, bis nur noch sechs eingeweichte Brotkreise übrig sind.

Die restlichen Himbeeren und die Erdbeeren in den Topf geben, kurz unterrühren und die Formen mit dem Obst und dem Saft füllen. Jede Form mit einem Brotkreis abdecken (die in den Saft eingetauchte Seite nach oben) und die Formen mit Klarsichtfolie abdecken.

(F) 1 Stunde im Kühlschrank kalt stellen, mit Alufolie abdecken und einfrieren.

(A) Bei Raumtemperatur 4–6 Stunden auftauen lassen.

(S) Die Obstkörbchen auf kleine Teller stürzen und mit der Schlagsahne servieren.

# Aromatisierte Wodkas

**Manchmal kommt es mir vor, als ob mein Bruder zu Hause einen Wodkavertrieb habe, denn er ist ein wahrer Zauberer, wenn es darum geht, mit Alkohol und Cocktails zu experimentieren. All diese Rezepte sind von ihm kreiert und einfach absolut köstlich. Vor allem lassen sie sich im Tiefkühlfach lagern.**

### Granatapfelwodka

Einen Granatapfel entkernen und dafür die Frucht halbieren, die Hälfte mit der Schnittseite in einer hohlen Hand halten und die andere Seite mit einer Teigrolle bearbeiten. Die Kerne 12 Stunden lang in 500 ml Wodka ziehen lassen. Der Wodka bekommt eine rosa Farbe und nimmt das Aroma des Granatapfels an. Jeweils ein paar gefrorene Granatapfelkerne mit ins Glas geben und beim Trinken zerkauen.

### Erdbeerwodka mit Rosenwasser

250 g Erdbeeren so klein schneiden, dass sie durch den Hals einer Wodkaflasche passen. Die Flasche mit 500 ml Wodka und 2–4 Teelöffeln Rosenwasser auffüllen. 50 ml Zuckersirup zugeben, 24 Stunden ziehen lassen, durch ein engmaschiges Sieb gießen und einfrieren. Der Wodka nimmt die Farbe der Erdbeeren an.

### Thai-Feuer-Wodka

Einen Zitronengrasstängel und eine grüne Chilischote längs aufschneiden und in eine mit 500 ml Wodka gefüllte Flasche geben. Ein 2,5 cm langes Stück Ingwer oder Galgant in Längsstreifen schneiden und 10 frische oder 5 getrocknete Kaffirlimettenblätter zerzupfen. Beides mit in die Flasche geben und den Wodka 12 Stunden ziehen lassen. Im Tiefkühlfach lagern. Schmeckt fantastisch in einer Bloody Mary oder mit etwas Kokosmilch in einem Schnapsglas.

### Schokoladen-Minze-Wodka im Spülmaschinengang

100 g dunkle Schokolade (70 % Kakaoanteil) zerstoßen und mit 400 ml Wodka in eine Flasche geben. Die Flasche gut verschließen und in die Spülmaschine stellen (ein Programm mit hoher Temperatur wählen). Anschließend 2–3 Teelöffel Minzeextrakt zufügen, schütteln, abkühlen lassen und im Tiefkühlfach lagern. Dieses Rezept schmeckt auch hervorragend, wenn man die Minze durch die abgeriebene Schale einer Orange oder durch eine halbe, fein gehackte und entkernte Chilischote ersetzt. Wer es gerne süßer mag, kann die Schokolade auch durch einen fein gehackten Mars-Riegel ersetzen.

# Dunkle Schokoladentöpfchen

150 g süße Sahne
100 ml Vollmilch
2 EL Zucker
3 EL Amaretto oder Cognac
250 g hochwertige dunkle Schokolade, zerkleinert
2 große Eier, auf Raumtemperatur erwärmt, Eigelb und Eiweiß getrennt
1 TL Maismehl

**Zum Servieren**

8 Mandelmakronen oder Amaretti
Kakaopulver zum Bestäuben
süße Sahne

**Mein Plan war, ein sicheres Rezept für eine Mousse au chocolat zu entwickeln, die sich einfrieren lässt. Hier eine Möglichkeit, die sogar noch weitere Variationen zulässt. So kann man z. B. zunächst Himbeeren in die Form geben, Kirschschnaps unter die Masse rühren oder Amaretto bzw. Cognac durch einen Esslöffel Espresso oder etwas Orangensaft oder Cointreau ersetzen. Außerdem eignet sich z. B. auch mit Minze aromatisierte Schokolade. Mit auf Raumtemperatur erwärmten Eiern ist die Schokolade leichter zu verarbeiten und wird nicht klumpig. Wer eine intensivere Mousse wünscht, lässt einfach das Eiweiß weg (ergibt dann nur sechs Portionen).**

Ergibt 8 Portionen

Sahne, Milch, Zucker, Amaretto oder Cognac in eine Kasserolle geben und langsam bis kurz unter dem Siedepunkt erhitzen. Den Topf vom Herd nehmen, die Schokolade zugeben und den Topf ein paarmal schwenken, damit die Schokolade von der Sahnemischung überzogen wird. Die Schokolade 5 Minuten schmelzen lassen.

In der Zwischenzeit das Eigelb mit dem Maismehl verquirlen. Die Schokoladenmischung glatt rühren und die Eimischung unterrühren. Unter ständigem Rühren mit einem Holzlöffel 5 Minuten sanft erwärmen. Den Topf vom Herd nehmen, die Schokoladenmischung in eine Schüssel gießen und 10 Minuten abkühlen lassen.

Das Eiweiß steif schlagen und unter die Schokoladenmasse heben.
Die fertige Mousse in acht kleine Förmchen gießen und eine Stunde kalt stellen.

(F) Wenn sich die Mousse gesetzt hat, die Förmchen mit Klarsichtfolie abdecken und einfrieren.

(A) Aus dem Tiefkühlfach nehmen und 2 Stunden lang im Kühlschrank langsam auftauen lassen.

(S) Mit Kakaopulver bestäuben und mit Mandelmakronen und einem Kännchen Sahne servieren.

# Eis am Stiel

Etwa 400–600 ml frischer Obstsaft (möglichst in verschiedenen Farben, um gestreiftes Eis herzustellen – siehe gegenüberliegende Seite)

**Zum Servieren (nach Belieben)**
200 g einfache Milchschokolade oder weiße Schokolade
bunte Zuckerstreusel, Schokohagel oder kleine Zuckersternchen

**Wenn mein Sohn vom Laden um die Ecke zurückkommt und an einem knallbunten Eis in Form einer Comicfigur leckt, mache ich mir manchmal Sorgen, dass das ganz schön ungesund ist. Daher habe ich angefangen, selbst Eis am Stiel herzustellen und verwende dafür gesunde Fruchtsäfte und Smoothies. Wer genügend Zeit hat, kann buntes Streifeneis machen und es mit Streuseln dekorieren. Aber auch das einfache Eis schmeckt fantastisch. Das Eis in Schokolade zu tauchen kann manchmal in eine kleine „Schweinerei" ausarten, macht aber den Kindern großen Spaß.**

Ergibt ca. 4 Stück (abhängig von der Größe der Formen)

Sie benötigen vier Kunststoffformen für Eis am Stiel mit Deckeln, in denen der Stiel integriert ist. Wer's lieber altmodisch mag, wählt Holzstiele.

Die Formen zu einem Drittel mit einem Fruchtsaft befüllen und einfrieren, bis der Saft fest gefroren ist. Kurz aus dem Tiefkühlfach nehmen, mit einem andersfarbigen Saft bis zu zwei Drittel auffüllen und erneut einfrieren. Ist diese Schicht halb gefroren, die Stiele hineinstecken und die Form bis kurz unter den Rand mit weiterem Saft auffüllen. Die Eisformen so lange ins Tiefkühlfach geben, bis das Eis durch und durch fest ist. Je nach Geschmack kann man auch mehr Streifen herstellen und das Eis zwischendurch immer wieder kurz einfrieren. Allerdings sollten die Stiele nach der zweiten angefrorenen Schicht hineingesteckt werden, damit sie später gut halten.

Wer will, kann das Eis noch mit Schokolade oder Streuseln verzieren.
Die einfachste Methode ist es, die Schokolade im Wasserbad oder in der Mikrowelle zu schmelzen und diese dann mit einem Löffel über das noch vollständig gefrorene Eis zu träufeln, mit Streuseln zu verzieren und das Eis in einem Halter erneut ins Tiefkühlfach zu stellen, bis auch die Schokolade gefroren ist.

# Orangen-Walnuss-Tarte

450 g Golden Syrup (oder Rübensirup, zunächst das Glas in ein heißes Wasserbad stellen, um den Sirup etwas flüssiger zu machen)
150 g weiße Semmelbrösel (siehe Seite 23, am besten direkt aus dem Tiefkühlfach)
abgeriebene Schale und Saft von einer 1/2 unbehandelten Orange
4 EL süße Sahne
1 Ei, leicht verquirlt
2 blind gebackene Tarteböden mit einem Durchmesser von je 20 cm
100 g Walnüsse, zerstoßen

**Ich backe immer gleich zwei dieser Tartes, um unnötigen Abfall zu vermeiden, da man für eine Tarte lediglich ein halbes Ei, eine halbe Tüte Walnüsse und ein Viertel einer Orange benötigt. Ich erleichtere mir das Leben, indem ich fertige Tarteböden kaufe. Wer will, kann mit dem Teig auf Seite 28 aber auch seine eigenen Tarteböden herstellen oder frischen Teig kaufen und ein paar Kuchenböden im Voraus blind backen (siehe Seite 144).**

Ergibt 2 Tartes für je 6 Personen

Den Backofen auf 190 °C vorheizen, den Sirup in einen kleinen Topf gießen und bei schwacher Hitze zerlassen. Den Topf vom Herd nehmen und Semmelbrösel, Orangenschale, Orangensaft, Sahne und das Ei hineingeben. Alles gut miteinander verrühren und auf die Teigböden gießen. Die Walnüsse darüberstreuen. 20 Minuten backen und danach abkühlen lassen.

(F) Am einfachsten ist es, die Tartes in ihren Formen einzufrieren. Nach dem vollständigen Abkühlen kann man sie aber auch vorsichtig aus den Formen lösen, mit Alufolie abdecken und einfrieren.

(E) Die tiefgefrorenen Kuchen im auf 190 °C vorgeheizten Backofen 15–20 Minuten aufbacken, bis sie durch und durch heiß sind. Bereits aufgetaute Kuchen erneut 25 Minuten bei 150 °C im Backofen backen. Eventuell mit Alufolie abdecken, falls der Teigrand zu dunkel wird.

ROSTFREI

# Spätsommerlicher Mandelkuchen

Mehl zum Bestäuben
350 g süßer Mürbeteig (1/3 der angegebenen Menge auf Seite 28)
175 g weiche Butter
175 g gemahlene Mandeln
150 g Zucker
3 große Eier
200 g Himbeeren oder Brombeeren oder eine Mischung aus beiden, tiefgefroren oder frisch
2 EL gehobelte Mandeln

**Ein Kuchen, der sich im Voraus zubereiten lässt, leicht und elegant als Abschluss einer Dinnerparty (wer will, kann auch einzelne kleine Törtchen zubereiten) und angenehm sättigend als sonntäglicher Nachtisch ist. Mit tiefgefrorenen Beeren kann man ihn das ganze Jahr hindurch genießen.**

Für 6–8 Personen

Wer tiefgefrorene Beeren verwendet, sollte diese aus dem Tiefkühlfach nehmen, bevor er den Teig zubereitet. Den Backofen auf 190 °C vorheizen.

Den Teig auf einer mit Mehl bestäubten Arbeitsfläche ausrollen und damit eine Springform (Durchmesser 24 cm, Höhe 2,5 cm) mit herausnehmbarem Boden auslegen. Mit leicht zerknülltem Backpapier und Backbohnen ausfüllen und 15 Minuten blind backen. Papier und Bohnen entfernen und weitere 5 Minuten backen, bis der Boden trocken ist. Abkühlen lassen.

Butter, Mandeln, Zucker und Eier in der Küchenmaschine 20 Sekunden zu einer cremigen Mischung verrühren. Die Mandelmischung mit einem Löffel auf dem Kuchenboden verteilen und mit Beeren und gehobelten Mandeln bedecken. 40 Minuten im Herd goldbraun backen und abkühlen lassen.

(F) Zunächst in der Springform einfrieren, dann in einen Gefrierbeutel umpacken und weiter gefrieren.

(A) Etwa 2–4 Stunden bei Raumtemperatur auftauen lassen.

(S) Im auf 180 °C vorgeheizten Backofen 10–15 Minuten aufbacken.

# Bananen-Apfel-Kuchen mit Karamellsauce

40 g Pekannüsse
2 sehr reife Bananen (am besten schon dunkel)
2 große Eier
1 1/2 EL vollfetter Naturjoghurt
1 kleiner Kochapfel (150 g), geschält, entkernt und das Fruchtfleisch gerieben
50 g Rosinen
85 g zerlassene Butter
110 g heller Muscovadozucker (brauner Rohrzucker)
1/2 TL Zimtpulver
185 g Mehl
2 TL Backpulver
1/2 TL Natron

**Für die Karamellsauce**
175 g heller Muscovadozucker
50 g Butter
300 g süße Sahne

**Ein leichtes, eher traditionelles Dessert, zumindest bis man die köstliche Karamellsauce darübergießt!**

Sie benötigen acht Becherformen mit 200 ml Fassungsvermögen.

Den Backofen auf 180 °C vorheizen und die Formen mit Butter ausstreichen.

Die Pekannüsse auf ein Backblech streuen, 5 Minuten im Ofen rösten, auf einem Brett abkühlen lassen und grob hacken.

Mit einer Gabel die Bananen in einer großen Schüssel zerdrücken. Eier, Joghurt, geriebenen Apfel, gehackte Nüsse, Rosinen, zerlassene Butter, Zucker und Zimt zugeben und mit der Gabel gut vermischen. Mehl, Backpulver und Natron darübersieben und mit einem Metalllöffel unterheben. Die Masse in die Förmchen füllen und 20–30 Minuten im Ofen backen, bis die kleinen Kuchen durch und durch gar sind (zur Probe mit einem Holzstäbchen einstechen - bleibt noch Teig daran kleben, die kleinen Kuchen ein paar Minuten länger im Herd lassen). Während der Zubereitung der Karamellsauce etwas abkühlen lassen.

Zucker und Butter in einem Topf sanft erhitzen und so lange rühren, bis sich der Zucker aufgelöst hat. Die Sahne zugießen, 2–3 Minuten köcheln lassen und rühren, bis die Sahne Farbe angenommen hat. Den Topf vom Herd nehmen und die Sauce in ein Gefäß gießen. Die fertigen Kuchen vorsichtig aus den Formen lösen (vorher mit einem Messer am Rand entlangfahren) und auf einem Kuchenrost vollständig abkühlen lassen.

(F) Die Kuchen einzeln einfrieren, danach in Beutel umpacken, etikettieren und weiter einfrieren. Die Sauce in einem verschließbaren Gefäß einfrieren.

(A) 4–5 Stunden bei Raumtemperatur auftauen lassen.

(S) Die Sauce in einem Topf oder in der Mikrowelle kurz erwärmen und die Hälfte davon in eine Auflaufform gießen. Die Kuchen daraufsetzen, mit der restlichen Sauce übergießen und bei 180 °C 15 Minuten im Backofen backen, bis die Sauce blubbert.

# Weihnachtliche Teigtaschen

1 nussgroßes Stück Butter
200 g Kochäpfel (1 großer Apfel), geschält, entkernt und das Fruchtfleisch in kleine Würfel geschnitten
175 g Birnen (etwa 1 große Birne), geschält, entkernt und das Fruchtfleisch in kleine Würfel geschnitten
1 1/2 EL Demerarazucker (Rohrzucker)
2 gehäufte EL Rosinen
1/2 TL Zimtpulver
1 Schuss Cognac (nach Belieben)
375 g fertiger Blätterteig
Mehl zum Bestäuben
1 Ei, leicht verquirlt
Zucker zum Bestreuen

**Egal ob mit Rhabarber, Heidelbeeren, Äpfeln oder einer Mischung aus der Obstschale gefüllt, ich liebe Teigtaschen, vor allem wenn sie noch warm sind und es einen Klecks Sahne dazu gibt. Sie passen mit Vanillesauce genauso gut zu einem Kindergeburtstag wie mit Puderzucker bestäubt und mit geschlagener Sahne serviert zu einem Festessen.**

Ergibt 6 Teigtaschen

Butter, Äpfel, Birnen, Zucker, Rosinen, Zimt und Cognac (falls gewünscht) in einen Topf geben und etwa 15 Minuten sanft garen, bis die Äpfel und Birnen weich und breiig sind. Gelegentlich umrühren. Den Topf vom Herd nehmen und abkühlen lassen.

Den Teig auf einer mit Mehl bestäubten Arbeitsfläche so ausrollen, dass sich daraus sechs Kreise mit einem Durchmesser von 11 cm ausschneiden lassen. Den Rand der Kreise mit dem verquirlten Ei bestreichen. Jeweils etwa 1 Esslöffel Füllung auf eine Kreishälfte geben (ohne dabei an den Rand zu kommen) und die andere Teighälfte darüberklappen. Den Rand mit einem Löffelende herunterdrücken, damit die Teigtaschen fest verschlossen sind. Die Teigtaschen mit dem Ei bestreichen, mit Zucker bestreuen und auf ein mit Backpapier ausgelegtes Backblech legen.

(F) Einzeln einfrieren, danach in einen Gefrierbeutel packen, etikettieren und erneut einfrieren.

(A) Die tiefgefrorenen Teigtaschen im auf 190 °C vorgeheizten Backofen 25–30 Minuten goldbraun backen.

# Haferflockenstreusel

450 g Mehl
375 g Butter, eisgekühlt, gewürfelt
225 g Demerarazucker (Rohrzucker)
300 g Zucker
175 g Haferflocken

**Am besten macht man Streusel mit einem Handmixer, denn dann kann man alle Zutaten zusammen in die Schüssel geben und größere Mengen herstellen. Mit dem Mixer gelingen die Streusel noch besser als mit der Küchenmaschine, und sie sind dann fast wie handgemacht. Wer's traditionell mag, reibt den Teig tatsächlich zwischen den Fingerspitzen zu Streuseln.**

Ergibt etwa 12–14 Portionen

Aus sämtlichen Zutaten mit den Knethaken eines Handmixers oder einer Küchenmaschine bei hoher Geschwindigkeit Streuseln herstellen und in Gefrierbeutel oder Gefrierbehälter füllen.

(F) Den Beutel oder das Gefäß verschließen, etikettieren und einfrieren.

(A) Über einen Obstauflauf nach Wahl streuen (ich köchle das Obst vorher meist etwas in Butter, damit es weicher wird, und füge nach Geschmack Zucker hinzu) und leicht andrücken. Im auf 180 °C vorgeheizten Backofen 30–40 Minuten backen, bis die Streusel goldbraun sind und der Obstsaft blubbert.

# Gedeckter Apfel-Brombeer-Auflauf

25 g Butter
500 g tiefgefrorene Kochapfelscheiben (oder 3 mittelgroße Kochäpfel, geschält, entkernt und das Fruchtfleisch in Scheiben geschnitten)
3 EL Demerarazucker (Rohrzucker)
225 g Brombeeren, frisch oder tiefgefroren
4–6 Handvoll Haferflockenstreusel (siehe Seite 147) oder genug, um das Obst damit zu bedecken

**Zum Servieren**
Eiscreme

**Wer viele Gäste hat, kann die Menge einfach verdoppeln und den Auflauf etwas länger im Herd lassen. Tiefgefrorene Apfelscheiben sollten zunächst etwas angetaut werden, damit sie nicht klumpen.**

Für 4 Personen

Den Backofen auf 180 °C vorheizen.

Butter in einem Topf zerlassen und die Apfelscheiben hineingeben.
2–3 Minuten rühren, dann den Zucker und die tiefgefrorenen Beeren zugeben (frische Beeren erst kurz vor Ende der Kochzeit zugeben). So lange bei geringer Temperatur weiterrühren, bis die Äpfel ein wenig die Farbe der Brombeeren annehmen. Dann das Obst in eine Auflaufform füllen und etwas zusammendrücken, bis alle Lücken ausgefüllt sind. Die Haferflockenstreusel darübergeben und den Auflauf 30–40 Minuten im Backofen backen, bis die Streusel goldbraun sind und der Obstsaft blubbert.
Mit Eiscreme servieren.

**Variationen:**

**Sommerbeerenauflauf:** Brombeeren durch eine Mischung von Sommerbeeren (frisch oder tiefgefroren) ersetzen. Oder Äpfel und Brombeeren durch 800 g gemischtes Beerenobst ersetzen und den Zucker auf 1 1/2 Esslöffel reduzieren. Die Beeren kurz in einem Topf garen, bis sie weich werden und aufplatzen.

**Himbeer-Apfel-Auflauf:** Die Brombeeren durch frische oder tiefgefrorene Himbeeren ersetzen.

**Rhabarberauflauf:** Äpfel und Brombeeren durch 600 g tiefgefrorene oder frische Rhabarberstückchen ersetzen.

**Aprikosen-Apfel-Auflauf**: Anstelle der Brombeeren eine Dose Aprikosen im eigenen Saft verwenden und mit der Hälfte des Safts zu den Äpfeln geben, sobald diese weich und süß sind.

# Feines für Babys und Kleinkinder

# Babys und Kleinkinder richtig ernähren

**Dieses Kapitel hilft hoffentlich viel beschäftigten Eltern ihre Säuglinge abzustillen und Kleinkinder einfacher zu ernähren. Das Abstillen ist eine aufregende Zeit, und wer noch nie Brei und Pürees gekocht hat, glaubt schnell, dass er es vielleicht nicht richtig macht. Der beste Rat lautet, die Rezepte so einfach wie möglich zu halten. Denken Sie daran, dass ein Baby noch nie Apfel oder Karotte gekostet hat und daher eine ganz neue Geschmacksvielfalt entdeckt, an die es sich vielleicht erst gewöhnen muss.**

Für junge Eltern kann das Tiefkühlfach geradezu lebensrettend sein, denn so kann man größere Mengen pürieren, in Eiswürfelbehältern einfrieren und sein Kind dann mit kleinen Portionen nach und nach an das Breiessen gewöhnen, statt stundenlang in der Küche zu stehen und das Ergebnis dann wegzuwerfen, weil das Kind sich weigert, es zu essen. Weitere wichtige Küchenhelfer sind die Mikrowelle und ein Stabmixer.

Jeder stillt sein Kind auf seine Weise ab, und jedes Kind ist anders. Daher werde ich weder Serviervorschläge noch Speisenfolgen angeben. Außerdem habe ich hier gar nicht genug Platz, sämtliche Möglichkeiten anzuführen. Aber ich bin sicher, Sie wissen, wie man eine Karotte kocht oder eine Banane püriert. Wie dem auch sei, sämtliche der hier angeführten Rezepte waren bei meinen Kindern sehr beliebt und sind daher hoffentlich auch für Sie inspirierend.

Außerdem habe ich ein paar Gerichte für Kleinkinder angefügt, die sich leicht einfrieren lassen und hoffentlich der ganzen Familie schmecken, zum Beispiel überbackener Blumenkohl oder Pizza. Umgekehrt sind viele der Rezepte aus den vorangegangenen Kapiteln ebenfalls für Kleinkinder und Kinder geeignet, wenn man ein wenig an Salz und Zucker spart.

# Babykost nach dem Abstillen

## Apfel-Birnen-Püree

2 nicht zu säuerliche Äpfel (z. B. Braeburn)
2 reife Birnen (oder 3 kleine Birnen)

**Das war der erste Brei, den ich meinen Kindern gefüttert habe. Wer will, kann etwas Babyreis daruntermischen, um den Geschmack ein wenig abzumildern.**

Ergibt etwa 20 Würfel

Das Obst schälen, entkernen und in Scheiben schneiden. Etwas Wasser zugeben und 5–8 Minuten kochen oder dämpfen, bis die Früchte weich sind. Alternativ das Obst in eine Schüssel geben, mit Klarsichtfolie abdecken, ein paar Löcher hineinstechen und 4–8 Minuten in der Mikrowelle weich und breiig garen. Anschließend pürieren.

(F) Das Püree in Eiswürfelbehälter füllen, abkühlen lassen und einfrieren. Die tiefgefrorenen Würfel in einen Gefrierbeutel umfüllen, etikettieren und weiter einfrieren.

(S) Auftauen lassen oder gefrorene Würfel erwärmen.

## Birnen-Mango-Püree

2 reife Birnen (oder 3 kleine Birnen)
2 reife Mangos

**Ein ungekochtes Püree – superschnell zubereitet!**

Ergibt etwa 20 Würfel

Das Obst schälen, in Scheiben schneiden und pürieren.

(F) Das Püree in Eiswürfelbehälter füllen, abkühlen lassen und einfrieren. Die tiefgefrorenen Würfel in einen Gefrierbeutel umfüllen, etikettieren und weiter einfrieren.

(S) Auftauen lassen oder gefrorene Würfel erwärmen.

# Apfel-Brombeer-Püree

2 nicht zu säuerliche Äpfel
150 g Brombeeren

**Ein Püree, das sich gut mit Babyreis mischen lässt oder bei etwas älteren Kindern mit Milchreis oder Vanillesauce. Weicher Reis eignet sich hervorragend, um Babys an feste Nahrung zu gewöhnen.**

Ergibt etwa 20 Würfel

Die Äpfel schälen, vierteln, entkernen und in Scheiben schneiden. Brombeeren und etwas Wasser zugeben und 5–8 Minuten weich kochen. Alternativ das Obst in eine Schüssel geben, mit Klarsichtfolie abdecken, ein paar Löcher hineinstechen und 4–8 Minuten in der Mikrowelle weich garen (Vorsicht, dass das Obst nicht überkocht). Anschließend pürieren.

(F) Das Püree in Eiswürfelbehälter füllen, abkühlen lassen und einfrieren. Die tiefgefrorenen Würfel in einen Gefrierbeutel umfüllen, etikettieren und weiter einfrieren.

(S) Auftauen lassen oder gefrorene Würfel erwärmen.

# Püree von roten Paprika und Süßkartoffeln

350 g Süßkartoffeln, geschält und in Würfel geschnitten
100 g frische oder tiefgefrorene gemischte Paprikastreifen oder 100 g frische rote Paprika, entkernt und in kleine Würfel geschnitten
etwas Kochflüssigkeit oder etwas Milch und ein nussgroßes Stück Butter, falls Ihr Baby schon Fett verträgt

**Tiefgefrorene Paprikastreifen sind genauso vitaminreich wie frische Paprika und erleichtern einem das Leben, wenn es schnell gehen muss.**

Ergibt etwa 12 Würfel

Süßkartoffeln 15 Minuten kochen, tiefgefrorene Paprikastreifen zugeben, erneut aufkochen und weitere 5 Minuten kochen (frische Paprika 5 Minuten früher zugeben und vor dem Abgießen prüfen, ob sie weich sind). Abgießen und, falls nötig, etwas Kochflüssigkeit beiseitestellen. Pürieren, bis auch die Haut der Paprika vollständig zerkleinert ist, da Babys sie nicht mögen. Milch, Butter oder etwas Kochflüssigkeit untermischen, falls das Püree zu fest ist.

(F) Das Püree in Eiswürfelbehälter füllen, abkühlen lassen und einfrieren. Die tiefgefrorenen Würfel in einen Gefrierbeutel umfüllen, etikettieren und weiter einfrieren.

(S) Auftauen lassen oder gefrorene Würfel direkt erwärmen.

# Püree von Roten Beten und Möhren

200 g Möhren, geschält und in Stücke geschnitten
3 geschälte und gekochte Rote Bete, in Würfel geschnitten
4 EL Milch oder Kochflüssigkeit

**Meine Tochter Jemima liebt dieses süße Püree. Es bekommt durch die Rote Bete eine unglaublich intensive violette Farbe. Häufig mische ich es mit Kartoffelbrei. Je nach Alter Ihres Babys können Sie das Gemüse auch in Hühnerbrühe kochen, damit es aromatischer wird.**

Ergibt etwa 14 Würfel

Möhren mit Wasser aufsetzen und 15 Minuten weich kochen, abtropfen lassen, etwas Kochflüssigkeit beiseitestellen, gekochte Rote Bete zugeben und alles pürieren. Falls das Püree zu fest wird, etwas Kochflüssigkeit oder Milch zugeben.

(F) Das Püree in Eiswürfelbehälter füllen, abkühlen lassen und einfrieren. Die tiefgefrorenen Würfel in einen Gefrierbeutel umfüllen, etikettieren und weiter einfrieren.

(S) Auftauen lassen oder gefrorene Würfel direkt erwärmen.

# Erste Hähnchengerichte

4 Hähnchenschenkel, von 3 Schenkeln die Haut entfernt
1 große Lauchstange, geputzt und in dicke Scheiben geschnitten
2 mittelgroße Kartoffeln, geschält und in große Stücke geschnitten
1 große Möhre, geschält und in große Stücke geschnitten
225 g Butternusskürbis, geschält, entkernt und in große Stücke geschnitten
50 g Sternchennudeln (oder andere Suppennudeln)
100 g Dosenmais (ohne Zusatz von Salz oder Zucker) oder 1 gekochter und abgeschabter Maiskolben
75 g tiefgefrorene Erbsen, aufgetaut
2–3 EL Milch nach Bedarf

**Ich habe diese Rezepte beim Abstillen meines zweiten Kindes Jemima entwickelt, als keine Zeit mehr für individuelle Wünsche war. Variieren Sie das Rezept nach persönlichem Gusto, entsprechend den Vorlieben Ihres Kindes und dem, was Sie gerade vorrätig haben.**

Ergibt etwa 4 große Eiswürfelbehälter in folgenden Geschmacksrichtungen:

**Hähnchen mit Möhren, Kartoffeln und Mais**
**Hähnchen mit Kartoffeln, Erbsen und Butternusskürbis**
**Hähnchen mit Nudeln, Butternusskürbis und Mais**
**Hähnchen mit Nudeln, Erbsen und Möhren**

Hähnchenschenkel und Lauch mit einem Liter Wasser in einen Topf geben und langsam aufkochen lassen. 30 Minuten sanft köcheln lassen. Hähnchenschenkel und Lauch mit einem Schaumlöffel herausheben und auf einem Brett abkühlen lassen. Kartoffeln, Möhren und Butternusskürbis in die kochende Brühe geben und 20 Minuten weich kochen. Das Gemüse abtropfen lassen und beiseitestellen. In der Zwischenzeit die Nudeln in einem separaten Topf kochen lassen, abtropfen lassen und beiseitestellen.

Den Lauch auf vier Schüsseln aufteilen. Das Fleisch von den Hähnchenschenkeln ablösen, Fett und Haut entfernen und das Fleisch ebenfalls auf die vier Schüsseln aufteilen. Die restlichen Zutaten wie folgt aufteilen:

Schüssel 1: jeweils eine Hälfte der Kartoffeln, der Möhren und der Maiskörner
Schüssel 2: jeweils eine Hälfte der Kartoffeln, der aufgetauten Erbsen und des Butternusskürbis
Schüssel 3: jeweils eine Hälfte der Maiskörner und des Kürbis
Schüssel 4: jeweils eine Hälfte der Möhren und der Erbsen

In jede Schüssel etwas Brühe oder eine Mischung aus Brühe und Milch geben. Die Zutaten pürieren (gegebenenfalls vor allem in den Schüsseln mit den Kartoffeln noch etwas mehr Flüssigkeit zugießen) und die Nudeln auf die Schüsseln 3 und 4 aufteilen. Eventuell noch einmal kurz pürieren.

**F** Die vier Pürees auf vier unterschiedliche Eiswürfelbehälter aufteilen und einfrieren. Die tiefgefrorenen Würfel in Beutel umpacken, etikettieren und weiter einfrieren.

**S** Auftauen lassen und erwärmen. Gegebenenfalls noch etwas Milch unterrühren, damit das Püree nicht zu fest ist.

# Erste Fischgerichte

450 g Schellfischfilet mit Haut
500 ml Milch
1 mittelgroße Lauchstange, geputzt und in dicke Scheiben geschnitten
2 kleine Kartoffeln, geschält und in kleine Würfel geschnitten
100 g tiefgefrorener Blattspinat (keinen Rahmspinat verwenden)
100 g Brokkoliröschen
1 kleine Möhre, geputzt und in Scheiben geschnitten
1 große Zucchini, in Stücke geschnitten
100 g Sternchennudeln (oder andere Suppennudeln)
200 g Dosenmais oder 1 großer Maiskolben, gekocht und abgeschabt
25 g Butter
1 1/2 EL Mehl
2 EL geriebener Cheddar (nach Belieben)

**Das gleiche Konzept wie bei den Hähnchenrezepten auf Seite 156, allerdings ist es mit Fisch ein wenig aufwändiger. Doch es lohnt sich, und schließlich können Sie so Ihr Tiefkühlfach mit abwechslungsreichen Gerichten für Ihr Baby füllen.**

Ergibt etwa 4 große Eiswürfelbehälter mit je folgenden Variationen:

**Schellfisch, Mais, Spinat und Kartoffeln**
**Schellfisch, Zucchini, Spinat und Kartoffeln**
**Schellfisch, Zucchini, Mais, Käse und Nudeln**
**Schellfisch, Brokkoli, Lauch, Nudeln und Käse**

Milch und Lauch in einen Schmortopf geben und die Milch bis zum Siedepunkt erhitzen. 7 Minuten sanft köcheln lassen, danach den Fisch mit der Hautseite nach unten hineingeben und 4 Minuten pochieren. Den Fisch wenden, weitere 3 Minuten pochieren, den Topf vom Herd nehmen. Fisch und Lauch mit einem Schaumlöffel auf einen Teller geben und die Milch in einen Messbecher gießen.

Während der Fisch gart, die Kartoffelwürfel 5 Minuten dämpfen und dann Brokkoli, Möhre und Zucchini in separaten Sieben 5–7 Minuten mitdämpfen. Die Nudeln nach Packungsanleitung garen, abtropfen lassen und kalt abschrecken.

Für die weiße Sauce die Butter auf kleiner Flamme zerlassen (z. B. im Nudeltopf) und das Mehl mit einem Holzlöffel einrühren. Nach und nach die Milch aus dem Messbecher unterrühren und 2 Minuten köcheln lassen.

Den Fisch häuten und die Haut wegwerfen. Eventuell noch vorhandene Gräten entfernen und den gedämpften Fisch sowie die weiße Sauce zu gleichen Teilen auf vier Schüsseln verteilen. Das Gemüse wie folgt aufteilen:

Schüssel 1: jeweils eine Hälfte des Lauchs, den Brokkoli, 1 EL Käse (nach Belieben)
Schüssel 2: jeweils eine Hälfte des Lauchs, die Zucchini und die Hälfte des Mais
Schüssel 3: jeweils eine Hälfte der Kartoffeln, den Spinat und 1 EL Käse (nach Belieben)
Schüssel 4: jeweils eine Hälfte der Kartoffeln, die Möhren und die Hälfte der Maiskörner

Den Inhalt jeder Schüssel mit dem Stabmixer pürieren und dann die Nudeln auf die Schüsseln 1 und 2 aufteilen.

(F) Die vier Pürees auf vier unterschiedliche Eiswürfelbehälter aufteilen und einfrieren. Die tiefgefrorenen Würfel in Beutel umpacken, etikettieren und weiter einfrieren.

(S) Auftauen lassen und erwärmen. Gegebenenfalls noch etwas Milch unterrühren, damit das Püree nicht zu fest ist.

# Süßkartoffelbrei

2 mittelgroße Süßkartoffeln, geschält und in 5 cm große Würfel geschnitten
1 mittelgroße Kartoffel, geschält und in 5 cm große Würfel geschnitten
Milch und 1 nussgroßes Stück Butter (nach Belieben)

**Kinder lieben den Geschmack von Süßkartoffeln, und dieser Brei lässt sich gut mit Fisch oder pürierten Möhren oder Brokkoli kombinieren.**

Ergibt ca. 18–20 Eiswürfel

Die Kartoffelwürfel in kochendem Wasser 15–25 Minuten weich garen, abtropfen lassen und etwas Kochflüssigkeit beiseitestellen.

Die Kartoffeln zerdrücken oder pürieren und etwas Kochflüssigkeit oder Milch und Butter (falls ihr Baby schon länger abgestillt ist) zugeben.

(F) Den Kartoffelbrei in Eiswürfelbehälter oder für Kleinkinder in kleine Töpfchen füllen, abkühlen lassen und einfrieren. Die tiefgefrorenen Würfel in Gefrierbeutel umpacken und etikettieren.

(S) Die tiefgefrorenen Würfel erwärmen und bei Bedarf mit etwas Milch, Muttermilchersatz oder Wasser auflockern.

# Pizza

500 g Ciabatta-Backmischung
1 EL Olivenöl (oder die für die Backmischung geforderte Menge) plus 2 EL für den Belag
Mehl zum Bestäuben
4–5 gehäufte EL „vielseitige Tomatensauce“ (siehe Seite 33) oder eine gute fertig gekaufte Tomatensauce
1 TL getrockneter Oregano
Pfeffer aus der Mühle
2 Mozzarella-Kugeln (à 125 g), abgetropft

**Tipps für den Belag:**
**Der Lieblingsbelag meiner Kinder:** Schinken, Mais, klein geschnittene Paprika, Oliven und Zucchini
**Quattro Stagioni:** Artischocken, schwarze Oliven, Champignonscheiben und Schinkenstreifen
**Feurig:** zerstoßene Chiliflocken, Peperonischeiben und Paprikastreifen
**Vegetarisch:** geröstete Paprikastreifen, blanchierte Spargelspitzen und in feine Scheiben geschnittene Zucchini

**Ich muss mich bei meiner Freundin Kate Titford bedanken, die mir die Augen fürs Pizzabacken geöffnet hat. Dank der italienischen Backmischung wird meine früher eher weiche Pizza nun richtig knusprig. Meine Kinder lieben es, ihre Pizza selbst zu belegen, und für einen Kindergeburtstag kann man diese Pizzas auch gut vorbereiten. Wer will, macht individuelle kleine Pizzas, damit jeder seine eigene bekommt. Außerdem ein wunderbares Essen für einen gemütlichen Sonntagabend.**

Ergibt 2 große Pizzas (für jeweils 2–3 Erwachsene oder 4 Kinder)

Die Backmischung nach Packungsanleitung zubereiten (für meine brauche ich 350 ml lauwarmes Wasser, knete den Teig 5 Minuten, gebe 1 Esslöffel Olivenöl zu und knete den Teig erneut 1 Minute). Den Teig zu einer Kugel formen (er sollte nicht mehr klebrig sein), in 2 gleich große Teile teilen und mit Klarsichtfolie abgedeckt an einem warmen Ort (Trockenschrank, ein ausgeschalteter, aber noch warmer Herd, auf einem Boiler) etwa 30 Minuten gehen lassen, bis sich sein Volumen verdoppelt hat.

Die Teigkugeln auf eine mit Mehl bestäubte Arbeitsfläche geben und den Teig mit leicht mehligen Händen gut durchkneten, dabei die Luft herausdrücken. Die beiden Kugeln jeweils flach drücken und zu 30–35 cm großen Kreisen ausrollen. Die Pizzaböden auf antihaftbeschichtete Backbleche legen.

2–3 Esslöffel Tomatensauce auf die Mitte jedes Bodens geben und gleichmäßig bis zu den Rändern hin verteilen. Jeweils 1/2 Teelöffel Oregano und etwas Pfeffer darüberstreuen. Die Mozzarella-Kugeln in kleine Stücke zupfen, mit Küchenpapier trocken tupfen und über die Pizzas streuen.

(F) Einzeln auf den Backblechen einfrieren und die tiefgefrorenen Pizzas in Gefrierbeutel umpacken oder zwischen Lagen aus Backpapier legen und eng mit Klarsichtfolie umwickeln.

(D) Am besten 3–4 Stunden bei Raumtemperatur auftauen lassen (notfalls lassen sie sich aber auch tiefgefroren backen) und nicht zu viel Belag darauflegen, da sie sonst in der Mitte ein bisschen matschig werden können.

(C) Den Backofen und 2 Backbleche auf 220 °C vorheizen. Die Pizzas nach Wahl belegen und jeweils 1 Esslöffel Olivenöl darüberträufeln. Die Pizzas auf den vorgewärmten Backblechen 10–15 Minuten backen (tiefgefrorene Pizzas 15–20 Minuten backen).

# Nudeln mit Spinat, Erbsen und Käse

100 g Sternchennudeln
400 ml Vollmilch plus extra Milch zum Auflockern
50 g Mehl
50 g Butter
100 g tiefgefrorener Blattspinat oder 100 g frischer gekochter Spinat, abgetropft
100 g Tiefkühlerbsen
Pfeffer aus der Mühle
50 g reifer Cheddar, gerieben

**Eine schöne Zwischenmahlzeit. Für Babys die Nudeln pürieren, etwas größere Kinder können auch größere Nudeln zu der gleichen Sauce essen. Eine Sauce, die auch zum Überbacken von Nudelgerichten (z. B. Lasagne) verwendet werden kann oder bei wählerischen Kindern zum Verstecken von Gemüse.**

Ergibt 20–24 Eiswürfel

Die Nudeln in reichlich Wasser nach Packungsanleitung kochen und häufig umrühren. Die Nudeln abtropfen lassen und kalt abschrecken.

In der Zwischenzeit Milch, Mehl und Butter in einem Topf bei niedriger Temperatur mit dem Schneebesen rühren, bis die Butter schmilzt und die Sauce eindickt. Bei mittlerer Temperatur mit einem Holzlöffel Spinat und Erbsen untermischen, bis beides aufgetaut ist. 5 Minuten köcheln lassen, mit etwas Pfeffer würzen und den Käse zugeben (die Sauce wirkt erst zu dickflüssig, aber das gibt sich beim Pürieren). In der Küchenmaschine pürieren, die Nudeln untermischen und eventuell etwas Milch zugeben, falls die Mischung zu fest ist.

(F) In Eiswürfelbehälter füllen, einfrieren, in Beutel umfüllen, etikettieren und weiter einfrieren.

(S) Auftauen und erwärmen oder die tiefgefrorenen Würfel direkt erwärmen. Bei Bedarf etwas Milch zugeben.

# Nudeln unter dem Meer

350 g muschelförmige Nudeln, etwa Conchiglie
1 Lauchstange, geputzt und in feine Scheiben geschnitten
2 Dosen (à 185 g) Thunfisch oder rosa Lachs, abgetropft
400 g Dosenmais, abgetropft

**Für die Käsesauce**
25 g Butter
25 g Mehl
350 ml Milch
Salz, Pfeffer aus der Mühle
50 g Cheddar, gerieben

**Für den Belag**
50 g Cheddar, gerieben
1 Handvoll Kirschtomaten, halbiert, oder 2 Tomaten, in Scheiben geschnitten

**Ein Gericht, das wir als Kinder vermutlich alle gerne gegessen haben und das ich kürzlich im Haus einer Freundin wieder entdeckt habe. Auch meine Kinder lieben es! Es gibt endlose Variationsmöglichkeiten – z. B. gekochten Schinken, Hähnchenfleisch, klein geschnittene Würstchen oder Spinat anstelle des Dosenfischs in die Sauce geben.**

Für 4 Erwachsene oder 8 Kinder

Die Nudeln nach Packungsanleitung kochen, 3–4 Minuten vor Ende der Garzeit den Lauch zugeben, alles abtropfen lassen und etwas Kochflüssigkeit beiseitestellen.

In der Zwischenzeit die Käsesauce zubereiten und dafür Butter, Mehl und Milch bei mittlerer Temperatur in einem Topf erwärmen, leicht mit Salz und Pfeffer würzen und mit dem Schneebesen rühren, bis die Butter geschmolzen ist und die Sauce eindickt. (Mit einem Holzlöffel immer wieder die Sauce vom Topfrand abschaben, damit sie nicht unterschiedlich dick wird.) Die Sauce kurz aufkochen lassen, den Käse zugeben und 2 Minuten köcheln lassen.

Die Sauce mit den Nudeln, dem Lauch und dem Mais mischen und so viel Kochflüssigkeit zugeben, dass die Mischung ziemlich flüssig bleibt (die Nudeln absorbieren beim Abkühlen noch einen Großteil der Flüssigkeit). Alles abkühlen lassen und dann den Thunfisch oder Lachs untermischen.

Die Mischung in passende Auflaufformen füllen, mit den restlichen 50 g Käse bestreuen und mit Tomaten belegen.

(F) Die Auflaufformen abdecken, etikettieren und einfrieren.

(A) Über Nacht im Kühlschrank auftauen lassen.

(E) Im auf 180 °C vorgeheizten Backofen mit Alufolie abgedeckt je nach Größe 20–30 Minuten aufwärmen und dann 5 Minuten unter dem Grill bräunen lassen.

# Mini-Burger mit Honigglasur

2 EL Pflanzenöl
1/2 rote Zwiebel, abgezogen und sehr fein gehackt
400 g frisches Rinderhack
1 Prise getrockneter Oregano
1/2 TL Senfpulver
1 1/2 TL Tomatenketchup
1 TL Worcestershiresauce
Salz, Pfeffer aus der Mühle

**Zum Servieren**
4 TL flüssiger Honig
Kleine Hamburgerbrötchen, Maiskolben, Bohnen in Tomatensauce oder Pommes frites

**Bei Erwachsenen und Kindern gleichermaßen beliebt. Aus dieser Mischung lassen sich große und kleine Burger machen. Beim Grillen die Garzeiten entsprechend anpassen. Unbedingt frisches Hackfleisch verwenden, da die rohen Burger eingefroren werden.**

Ergibt 8 Mini-Burger

Das Öl in einer kleinen Bratpfanne erhitzen und die Zwiebeln bei mittlerer Temperatur glasig anschwitzen. Anschließend vollständig abkühlen lassen.

In einer Schüssel Hackfleisch, die gedünsteten Zwiebeln, Oregano, Senfpulver, Ketchup und Worcestershiresauce miteinander vermischen und mit Salz und Pfeffer würzen. Die Mischung mit den Händen zu acht kleinen Burgern formen.

(F) Ein Brett mit Backpapier belegen, die Burger daraufsetzen und einfrieren. Die tiefgefrorenen Burger in Gefrierbeutel füllen, etikettieren und weiter einfrieren.

(E) Die tiefgefrorenen Burger 5 Minuten unter einem vorgeheizten Grill erwärmen, wenden und weitere 5 Minuten grillen, bis sie gar sind. Den Honig etwas erwärmen, die Burger damit bestreichen und weitere 1–2 Minuten unter den Grill legen. Mit Brötchen oder mit Maiskolben, Bohnen in Tomatensauce und Pommes frites servieren.

# Überbackener Blumenkohl und Brokkoli

- 400 g Brokkoliröschen (ungefähr ein großer Kopf)
- 400 g Blumenkohlröschen (ungefähr ein kleiner Kopf)
- 500 ml Milch
- 75 g Butter
- 75 g Mehl
- Salz, Pfeffer aus der Mühle
- 125 g Cheddar, gerieben
- 3–4 EL Parmesan, gerieben
- 4 dicke Scheiben Kochschinken, in Streifen geschnitten
- 15 Kirschtomaten, halbiert, oder 4 Tomaten, in Scheiben geschnitten

**Nicht neu, aber stets sehr beliebt. Der Auflauf schmeckt großartig zu Brathähnchen (dann nur den Schinken weglassen). Ich friere ihn in kleinen Schälchen für die Kinder oder in einer großen Form für ein Familienessen ein.**

Für 4 Erwachsene oder 8 Kinder

Den Blumenkohl 8–10 Minuten im Dampftopf dämpfen, bis er weich ist, aber immer noch Biss hat (da er später erwärmt wird, lieber noch etwas knackig belassen). Den Brokkoli 5 Minuten vor Ende der Garzeit zugeben oder separat dämpfen, falls Ihr Dampftopf zu klein ist.

In der Zwischenzeit Milch, Butter, Mehl und etwas Salz und Pfeffer bei Mittelhitze erwärmen und so lange mit dem Schneebesen rühren, bis die Sauce eindickt. 2–3 Minuten köcheln lassen, dann jeweils die Hälfte des Cheddar und Parmesan untermischen.

Das Gemüse auf geeignete Auflaufformen aufteilen und den Schinken darüberstreuen. Die Sauce so darübergießen, dass das Gemüse vollständig bedeckt ist, und anschließend die Tomaten darauf verteilen. Etwa 5 Minuten abkühlen lassen und den restlichen Käse darüberstreuen.

(F) Vollständig abkühlen lassen, etikettieren und zugedeckt einfrieren.

(A) Über Nacht im Kühlschrank auftauen lassen (kleine Förmchen tiefgefroren in der Mikrowelle auftauen und kurz unter dem Grill bräunen).

(E) Mit Folie abgedeckt im auf 190 °C vorgeheizten Backofen ca. 25 Minuten (je nach Größe der Form) aufwärmen, die Folie abnehmen und weitere 10–15 Minuten im Backofen backen, bis der Käse goldbraun ist und die Sauce blubbert.

# Klebrige Hähnchenschenkel

10 Hähnchenschenkel mit Haut, 2–3-mal eingeschnitten
4 EL Orangensaft (entspricht ungefähr dem Saft von 1 Orange)
2 TL körniger Senf
2 TL frischer Rosmarin, fein gehackt
2 TL Sojasauce
1 1/2 EL flüssiger Honig
Pfeffer aus der Mühle

**Kinder lieben es schon sehr früh, in Dinge richtig hineinbeißen zu können, z. B. in Maiskolben, Würstchen oder Hähnchenschenkel. Dieses Rezept ist sehr praktisch, weil man eine große Menge Hähnchenschenkel vorbereiten und sie dann portionsweise einfrieren kann.**

Ergibt 10 Hähnchenschenkel

Die Hähnchenschenkel in einen oder, nach Wunsch, in zwei oder drei Gefrierbeutel füllen (um dann kleinere Portionen zu haben). In einer Schüssel die restlichen Zutaten miteinander vermischen und mit etwas Pfeffer würzen. Die Marinade in die Beutel füllen, die Beutel verschließen und schütteln, bis die Hähnchenschenkel vollständig von der Marinade überzogen sind.

(F) Die Gefrierbeutel etikettieren und einfrieren.

(A) Etwa 6–8 Stunden im Kühlschrank auftauen lassen.

(E) Den Backofen auf 190 °C vorheizen. Die Hähnchenschenkel mit der Marinade nebeneinander in eine gefettete Auflaufform legen und 15 Minuten im Ofen backen. Danach die Hähnchenschenkel wenden und weitere 15 Minuten backen, bis sie außen gebräunt und innen gar sind.

# Fischauflauf mit verstecktem Gemüse

300 g gehäutetes und entgrätetes Lachsfilet
300 g gehäutetes und entgrätetes Kabeljaufilet
400 ml Vollmilch
150 g kleine Brokkoliröschen
50 g Cheddar, gerieben (nach Belieben)

**Für den Gemüsebrei**
400 g Kartoffeln, geschält und in kleine Würfel geschnitten
1 große Möhre, geschält und in kleine Würfel geschnitten
1 mittelgroße Pastinake, geschält und in kleine Würfel geschnitten
25 g Butter
150 ml Vollmilch
Salz, Pfeffer aus der Mühle

**Für die Sauce**
50 g Butter
1/2 Zwiebel, sehr fein gehackt
2 gehäufte EL Mehl
Salz, Pfeffer aus der Mühle

**Ein Auflauf für Kleinkinder, da Fisch und Gemüsebrei sehr weich sind. Für ältere Kinder oder Erwachsene werden die Zutaten nicht püriert.**

8–10 Portionen für Kleinkinder oder 4 Portionen für Erwachsene

Den Fisch in der Milch aufkochen und bei reduzierter Temperatur zugedeckt 6–8 Minuten pochieren, bis der Fisch gar ist. Die Milch in einen Messbecher gießen und den Fisch mit der Gabel zerdrücken und in eine oder mehrere Auflaufformen geben.

In der Zwischenzeit Kartoffeln, Möhren und Pastinaken 15–20 Minuten weich kochen. Den Brokkoli in den letzten 5 Minuten mitdämpfen (oder ebenfalls kurz kochen). Kartoffeln, Möhren und Pastinaken abtropfen lassen und mit der Butter und der Milch pürieren. Nach Geschmack mit Salz und Pfeffer würzen. Den Brokkoli als Röschen oder zerkleinert über den Fisch streuen.

Für die Sauce die Butter zerlassen und die Zwiebeln glasig anschwitzen. Das Mehl einrühren und nach und nach die Milch aus dem Messbecher zugießen. Nach Geschmack mit Salz und Pfeffer würzen und die Sauce 2–3 Minuten einkochen lassen. Die Sauce über den Brokkoli und den Fisch gießen und das Gemüsepüree darüberstreichen. Nach Geschmack mit dem Käse bestreuen.

(F) Abkühlen lassen, abdecken, etikettieren und einfrieren.

(A) Eine große Auflaufform über Nacht im Kühlschrank auftauen, kleinere Förmchen 2–3 Stunden auftauen lassen.

(E) Den Backofen auf 190 °C vorheizen. Den Auflauf ohne Abdeckung 20–35 Minuten im Herd backen (je nach Größe der Form), bis er oben goldbraun ist und die Sauce blubbert.

# Anhang

# Register

# Dank

Ganz herzlichen Dank an meine Familie und an meine Freunde, die bereit waren, die Rezepte für dieses Buch zu testen und dafür zu sorgen, dass beim Nachkochen nichts mehr schiefgehen kann.

Ein besonderer Dank gilt daher Katherine Coltart, Simon und Ness Baker, Harry Cox, Mel Clegg, Ems Bray, Mrs Edgecombe, Gemma Pearce, Judy Snell, Andrea Eles, Isabel Sandison, Katie James, Marcia Ritchie, Clare Evelyn, Tania MacCallum, Lesley Sandison, Soph Martin, Jane Brooke, Els Rooth, Anna Greenhalgh, Alex Nolon, Claire Davies, Anna Broome, Jane Wiggs, Lucy Urquhart, Rebecca Bone, Ali Palmer, Katherine McNamara, Katie Callard, Debbie Sandison und Gill Head.

Ganz besonders möchte ich wieder meinem Bruder, meiner Mutter und meiner Schwiegermutter danken, die mir beim Zusammenstellen dieses Buches telefonischen Beistand geleistet und mir Rezepte gegeben haben oder einfach vorbeigekommen sind, um mir beim Kochen zu helfen oder auf die Kinder aufzupassen.

Außerdem danke ich Georgie Sangiorgio und Claire Davies, die nicht nur meine Rezepte geprüft, sondern mir auch viel Feedback gegeben und mir häufig auf die Sprünge geholfen haben.

Was mich betrifft, so sind Catherine, Estella, Jenny, Victoria, Emma und das restliche Team von Kyle Cathie einfach umwerfend, denn sie haben in der Entstehungsphase dieses Buches (und meines ersten Buches) geduldig jede auch noch so merkwürdige Frage beantwortet.

Kyle, ich bin dir unendlich dankbar, dass du mir diese wunderbare Gelegenheit gegeben hast, und hoffe sehr, dass ich dich nicht enttäusche.

Zum Schluss möchte ich A, W und J für ihre Ermutigung und ihre Geduld danken. Ihr seid einfach fantastisch! Danke, dass ihr stets meine ersten Testesser wart. Immerhin war es diesmal für euch etwas abwechslungsreicher als bei meinem Marmeladenkochbuch.